HEART

心|視野

HEART
心|視野

HEART
心 | 視野

HEART
心|視野

想衝，為何沒幹勁？

用心理學終結慣性倦怠，找回潛藏心中源源不絕的內在驅動力

作者——植木理惠　譯者——葉廷昭

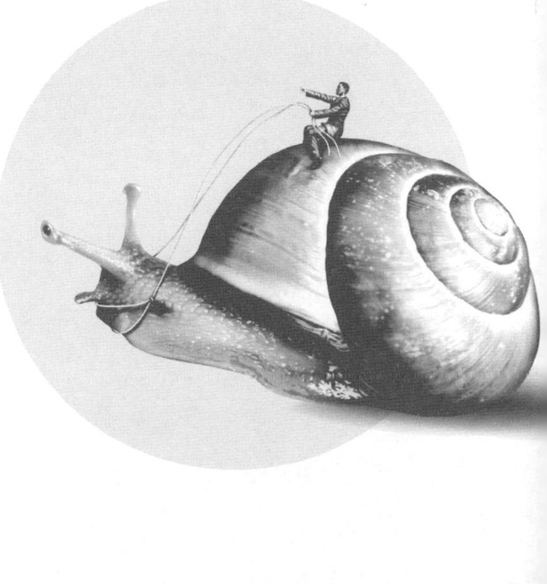

目錄 contents

第二章

「做就對了！」短期幹勁培育法

第三章 讓人「主動想做」的長期幹勁養成法（期待篇）

第四章

長期幹勁養成法（價值篇）

前言

閱讀本書的方法

相信各位都曾經歷過下面的狀況。

明明有心做好一件事，卻又欲振乏力，內心焦急不已。老師或上司耳提面命，你就是提不起勁，一點辦法也沒有。

不管是學業、工作、還是運動，沒有幹勁根本無法專心投入。不專心的人花再多時間也不會進步，興致也就日益低落。

不但如此，若將缺乏幹勁的問題長期置之不理，還會失去嘗試新事物的動力。自暴自棄和情緒低落的狀態持續太久，對心理健康也有不好的影響。

因此，如何培育幹勁，**找出「提振幹勁」的訣竅，不只關係到成績和工作效率，也是左右生活品質的一大關鍵**。

培育幹勁，其實就是化育人心。

各位的親朋好友、下屬、晚輩、小孩、學生等等，是否都有足夠的幹勁？**而你是否也經常忽略幹勁的重要，只會強迫他們在工作或課業上努力？這對雙方來說，都是一件吃力不討好的事情。**

反過來看，你自己又是如何呢？

你是否認為缺乏幹勁是自己的問題？事實上，那並不是你的錯。**提不起勁做事不是你的問題，只是沒人教你「如何提振幹勁」罷了，你缺的只是一個好的方法。**

凡事跟幹勁有關的問題，本書都提供了解決方法。

心理學是我的專業領域，其中我特別深入研究「幹勁論」和「企圖心原理」。我也想提出一個具體的方法，教大家用這些理論教養子女，培育莘莘學子和職場人才。也希望這本書能幫助各位，重新審視心中對「幹勁」的看法。

在讀這本書之前，請容我冒昧提出一個要求。

請先把你養育兒女的方法，還有對幹勁的觀念都放到一邊去吧！

換言之，如果你曾有一套「提振幹勁法」，請先把它們忘得一乾二淨，再來拿起這本書閱讀。

「如何培育幹勁」是一個很浩瀚的問題。每一個教育家、父母、還有負責培育人才的上司主管，幾乎都有一套自己的哲學。

我會根據自己研究心理學的基礎，以及提供心理諮詢的經驗，向各位介紹「我認為百分之百正確的內容」。

我跟各位保證，這些都是經過時間淬鍊，而且有科學證明的事實。這才是一個研究者該做的工作，也是我們的使命。

所以，請各位瞭解一下（或說忍耐一下）我的思維。

我知道這是一個很厚臉皮的請求，但我希望各位試著用客觀的態度，來看待我這個徹底用科學理論表達論述的人。

說不定看完後，你會有一些全新的領悟，在心中發酵膨脹。或許你只認同書裡部分的做法，也或許有本質上完全無法認同的見解，都沒關係。

我誠摯地寫出自己的理論和想法，同時也希望各位讀完本書後，如果不認同當中提振幹勁的方法，或是培育人才的論調，請務必提出來讓我知道。

寫書最值得慶幸的，就是引起讀者的疑問和反對，並透過讀者的指點，瞭解心理學不足之處，以及我個人不成熟的地方。

「幹勁」究竟從何而來？又是如何增長和萎縮的呢？我們該怎麼培育出充滿幹勁的人？

希望本書能拋磚引玉，帶領各位更深入探討這個問題。

本書主要的目標客群，是負責培育人才的領袖、養育兒女的父母。當然，也可以用來提振自己的幹勁。畢竟這提振幹勁的方法，人人都適用。

最後，本書若能激發各位，還有各位身旁的親朋好友，那麼我也同感欣慰。

植木理惠

第一章

培育幹勁的五大原則

該怎麼做才能充滿幹勁？
用利誘、獎勵的方式有用嗎？
幹勁是不是隨年紀會越來越少？

在介紹提振幹勁的方法之前，請各位先掌握以下五點基本原則，本章的內容也會描述其中的理由和機制。

①用金錢或玩具利誘，無法培育幹勁。

②負責培育的一方若不運用心理學知識，很難培育對方幹勁。

③把別人的經驗或成功學套用在自己身上肯定失敗。

④只跟熟人商量問題，知識會越來越狹隘。

⑤培育幹勁永遠不嫌晚。

我先從心理學的觀點，來說明上述這幾個要點。

1

培育幹勁不要用錢

培育一個人的幹勁，最好不要用到錢。

也不光是錢，舉凡玩具、獎狀、讚美之詞等等，所有會讓對方開心的報酬，一定要經過審慎評估再給予，給予獎勵的方式有誤，反而會摧折幹勁，至於如何評估稍後會詳細說明。

一般人都認為，應該多多給予獎勵才能提振幹勁。

不過，從心理學的人才培育觀念來看，基本上物質報酬和虛榮的讚賞，只是阻礙一個人在本質上「成長的動力」，這當中的原理我會在第二章提到。

不管你是教養子女的父母，還是煩惱下屬怠惰的上司，亦或為情所困的少女，其實道理都是一樣的。

你想讓對方照著你的期望走，培育他們的幹勁，帶給他們幸福的生活。要做到這一點，你需要的不是金錢，而是下面這兩大要素：

①「教育心理學」的基礎知識

②提攜對方的熱忱

本書會用正確的心理學知識，簡單易懂地說明第一點的內容。至於第二點，那是理所當然的必要條件。如果你不關心一個人，你也不會想培育對方的幹勁。

利誘無法培育一個人的幹勁

請容我再提醒各位一次，**物質上的褒獎無法真正培育一個人的幹勁**。

利誘乍看之下很有效，但效果來得快去得也快。用來達成「短期的目標」，讓對方處理好眼前的問題確實有效，幹勁卻無以為繼。

要徹底改變一個人，真正該仰賴的不是外在誘因，而是身為主管或父母的你，對人性有多少「知識」、多少關注，這才是長期提振對方幹勁的首要關鍵。

2 幹勁靠的不是感性，而是知識

有些人能言善道口才很好，他們擅長用天生的感性和魅力，來提振別人的幹勁。**不過，有這種能力反而不是一件好事。光靠感性培育一個人的幹勁，絕對會造成無法挽回的災難。**

如何駕馭心靈？

比方說，你在某個晴朗的假日早晨，想要開車去兜風。

有駕照的人，腦海裡多少瞭解汽車的構造。例如：車子的引擎在哪裡？方向盤有什麼樣的功能？油門是左邊還是右邊等等，這些算是基本的「知識」。

完全沒有基本知識的人，根本不知道該如何駕馭汽車。就算天氣再好，兜風的興致再高也沒用。

不懂還硬要開，下場就是車子暴衝蛇行、倒車急停。要是開車的人慌了手腳，很有可能引發重大事故。

我舉這個例子是希望大家瞭解，「知識」是一切事物的基礎。如果你想操縱一樣東西，卻沒有相關的知識，這就跟你沒辦法隨心所欲駕車，沒辦法暢快出遊是一樣的道理。同樣的道理也能套用在腳踏車、家電、手機之上。

當然，這個道理也適用在「人」身上。你不知道幹勁從何而來，不知道人心的特質，是不可能好好「駕馭」下屬或孩子的。

當你求好心切利誘對方，只會引來對方反感。於是彼此的壓力越來越大，對方也越來越討厭工作和念書，甚至造成憂鬱、拒絕上學、請假不上班等狀況。

人性也有「說明書」

人跟物品不一樣，這不用多說大家都知道。

因此，「人性可以用知識來駕馭」的論述是絕對不成立的。

只不過，心理學已經是一門成熟的「科學」了，現代人有心理學的知識可以用，卻不懂得善用這些知識去改善生活，甚至打從一開始就否定知識的重要性，這未免太可惜了。

從第二章開始，我會介紹提升幹勁的基本心理學知識。

用與不用全看個人，但「知道卻刻意不用」跟「不知道而沒辦法用」，這兩者的人生意義完全不一樣。

學習教育心理學的知識，你自己也會有所改變。

以日常生活的例子來說，當你看到一些誇大不實的宣傳標語，例如：吃健康食品有提振幹勁的效果，參加講座有提升業績的功效，你再也不會受騙上當。

除此之外，你也會發現獎勵制度（依照成果提升報酬）對人心有多負面的影響。

Ⓑ
認真、溫柔、頭腦好。
該選擇哪一邊呢？
Ⓐ
時髦、帥氣、有趣。
這時候來比較說明書吧！
嗯嗯……
B君
說明書
A君
太厚的讀起來好麻煩，選A好了！
好帥喔～
我今天沒錢，借我一點吧！

3

經驗談對提升幹勁無用

經驗談有說服力

不曉得各位有沒有發現，你平常深信不疑的資訊，或是一些很具衝擊性的訊息，其實都不是科學的「理論」，而是個人的「經驗之談」。

相信經驗之談是很普遍的人性。

我舉個例子大家來思考一下。

就說煮菜好了，端出獨特菜色的大廚，比教導營養學和料理技法等「基礎知識」的老師更受歡迎。

賺到大錢的投資客，也比預測景氣的經濟學家有說服力。

下面的例子或許不太貼切，但戰爭或恐怖攻擊等悲劇發生時，被害者的親身經歷也比政治專家的譴責和思想家的論述更能打動人心。

知識與經驗的優劣

那麼，比起探究理論的科學家或研究者，是不是擁有特殊經歷的人，才有評斷是非的資格呢？是不是他們的經驗談，對每一個人都受用呢？

到底是知識重要？還是經驗重要？

這是研究者和實踐者多年來爭論的議題，我個人有多年的研究和臨床諮商經驗，對於這個問題一向有著簡單明瞭的答覆，我認為：

要有知識作為「基礎」，經驗才派得上用場。

例如：我們聽到某位母親成功激勵孩子的故事，如果故事中沒有確切的理論依據，告訴我們那位母親成功的原因，那麼故事本身是沒有意義的。

說穿了，**這只代表那位母親靠著自己的努力和奇蹟，喚醒了孩子的幹勁，對其他的母親沒有任何實際幫助**。

知識與經驗的拿捏

再補充一點以免各位誤會，我並沒有輕視經驗之談，我深信經驗談和基礎科學是密不可分的關係。

依我個人來看，**經驗是「科學的呈現」，科學則是「經驗的累積」。這兩者就好比車子的前後輪，缺了其中一邊車子就無法前進。**

這世上不乏企業激勵員工、父母激勵孩子念書的故事。如果你以為聽了這些經驗談，就能掌握教育的「訣竅」，那我只能說這是一種非常偏頗的行為。

請各位想像一下。

那些有名的企業家或優秀孩子的父母，他們的成功案例適用在你的公司和家庭的機率有多高？實際上這個數字究竟是多少？

從統計學的角度來看，我個人抱持懷疑的態度。

光是探討如何激勵孩子的幹勁，就有很多複雜的因素要考量。每個家庭的父母和孩子的個性都不一樣，家庭成員、經濟好壞、受教機會等「狀況」也各不相同，顯然不會有一體適用的經驗談。

某一個家庭的成功經驗（單一案例），完全適用於其他家庭（多數案例）的可能性是微乎其微的。

容我不諱言地說一句，特殊的人才教育「經驗談」，幾乎沒什麼有效的教育理論，可以廣泛用在一般家庭或社會上。

所以，本書才要特別強調這一點。

成功的經驗談確實有激勵人心的作用，能帶給迷茫的讀者勇氣和啟發。

可是，當你思考眼前的問題時，不能只仰賴那些成功經驗，否則注定一事無成。

4 親朋好友會妨礙你吸收新知

如果你找上身旁的前輩或好朋友，商量養兒育女或工作上的煩惱，你永遠也沒辦法真正解決問題。

因為，**我們會下意識去找那些「只講好聽話的人」商量問題。這樣做有療癒情緒的效果，卻也是在妨礙新的學習機會。**

最糟糕的是，那些親朋好友會傳授他們的「經驗」給你參考。他們會說自己是靠什麼樣的方法度過類似的難關，而且為了鼓勵你，還會拼命說一些動聽的好話。

魔鬼就隱藏在這樣的親切之中。

人天生具有高度的「共感能力」（Mirror neuron），對於他人的幸與不幸能夠感同身受。

這是高等靈長類才具備的一種體貼能力。

不過，我要事先強調一點，這種了不起的能力「有好也有壞」。

因為，**當我們對親朋好友的談話產生共鳴，就會不自覺地限制自己的視野。**

當然，對方並沒有惡意。**只是我們在聽別人談論成功經驗時，會產生一種好像自己也獲得成功的幸福感。明明什麼也沒得到，卻甘於接受別人給我們的答案。**

於是乎，我們在無形中限制了自己探究真實、懷疑求證的批判性思維。

換句話說，親朋好友之間互相提供意見是有風險的。我們會把別人的經驗幻想成自己的經驗，還自以為瞭解問題的癥結，從此不再深入思考問題。共感能力是很了不起的能力，卻也可能妨礙我們學習。

不客觀的人性

認知心理學家會用「確認偏誤」來說明這種諷刺的現象。所謂的確認偏誤，是指人在下意識中選擇性地回憶、蒐集有利訊息，而排除自己無法產生共鳴的訊息。比方說，當我們得知別人也有同樣的缺點時，就會覺得這是很普遍的現象，沒有必要去改變自己。

社會心理學家則是用「代表性捷思」來說明這個現象。我們習慣接受別人給予的真相，並且贊成那樣的答案，而不是自己去思考真相為何。

其實不必搬出這些專業術語，大家應該也知道人心有類似的毛病。幾乎每個人在日常生活中，都會不自覺地產生這些「心態上的壞習慣」。

我們都把別人的答案視為正解，不肯真正改變自己，就這麼渾渾噩噩地過下去。

像我平常早上有喝咖啡的習慣，要是有人問我，還有哪些人早上也有喝飲料的習慣，我大概只會想起同樣有喝咖啡的朋友。

至於那些喝茶或喝果汁的朋友，我就不會想起來（這就是「確認偏誤」）。

另外，我們在招待商場上的貴客時，也傾向去媒體報導的知名餐廳，不會深思報導的真實性。

反正大家都說那家餐廳好，跟著去準沒錯。而且，我們會給食物過高的評價，覺得媒體報導的果然不差（這就是「代表性捷思」）。

再重申一次，我好歹也是個心理學的專家，我很清楚「人心有多不客觀」，但日常生活中我還是很少用到那些知識。

依此類推，不懂心理學知識的各位讀者，大概也好不到哪裡去（失禮了）。咖啡和餐廳都算是小問題，事關人才培育和養兒育女的問題，就得謹慎應對才行了。

只聽親朋好友的意見很難學到新知，他們說出你想聽的話，反而是在妨礙你的學習和進步。

我不是說和好友對談不好，而是希望各位知道，他們的意見容易造成確認偏誤和代表性捷思，偶爾也該聽聽像我這樣的陌生人提供意見。

跟妳說，我被男朋友甩了啦！
咦，好可憐喔，怎麼了？
他說……
你男友好差勁喔！
說這話太過分了！
這不是妳的錯。
妳男友說什麼…
他說，他不會再借錢給我了！
哪有人這樣講話？他以為自己是誰啊！

5

培育幹勁永遠不嫌晚

從幾歲開始都來得及

我在心理諮商或公開演講的時候，很多家長問我，孩子一直缺乏學習的動力，現在開始努力是否還來得及？也有企業老闆問我，現在才開始培育下屬的幹勁，還有沒有機會改變？

我的結論是「培育幹勁永遠不嫌晚」。

若我說「太晚了」，說不定大家還比較輕鬆一點，而且我也省事。

不過，心理學的觀念認為，**每個人不管到了多大的年紀，都能培育出幹勁，這也是人際關係困難的地方。生活和教育這兩件事，是沒有止境的偉大事業**。

也因此，培育幹勁並沒有時間上的限制。

實際上，我看過關於教育和發育的心理學論文，發現無論是大人小孩或身有疾患的人，都能透過教育、對談、心理療法等適當支援，激發內心裡的鬥志。

我個人研究過兒童重度學習障礙的問題，其實只要耐心誘發這些孩子的幹勁，並提供適當的支援，他們多半會產生高效的學習成果。

許多憂鬱症患者對自己缺乏幹勁感到痛苦，但只要施以適當的精神治療方法，也有相當的成效。

然而，這純粹是心理學家的看法。換成是「腦部科學」或其他相關領域的學問，著眼點又完全不一樣。

腦部科學是在研究人腦這個「硬體」，也可以說是在研究這個容器的構造與原理。比方說腦部科學家會研究前額葉是如何發育的，他們是用這種硬體的特性為依據，來說明人類的發育問題。

跟心理學相比，這門學問缺乏浪漫的遐想，但兩者能互補不足。

「為時已晚」的論述大行其道

時至今日，各種為時已晚的說法大行其道，相信各位也聽過不少。例如，孩子在肚子裡時就要聽莫札特、兩歲以前要掌握節奏感、五歲前就要開始學英文，否則就來不及了等等。這或許是腦部科學和生理學的知識，被一般大眾曲解的原故吧！

可是，這些說法並非是學者的研究結果，大家不必太在意。**這種歪風非但不是事實，甚至還否定了永不放棄挑戰的「幹勁」，會讓人不戰而敗，毫無可取之處**。

的確，這一類斬釘截鐵的說法，聽起來很具有衝擊性。

就跟「本日特價」這種規定時限的手法，有同樣的心理效果。然後，再搬出前額葉、海馬迴等專業術語，以及一些似是而非的生理學概念，很多家長就會心急，忍不住趕快去做。

腦科學家對這些說法也很頭痛。

但事實並非如此。我一直覺得很不可思議，到底為時已晚的說法是怎麼印證出來的？如果非要證明人在幾歲以前學習才有成效，那麼至少要經過下列的研究才行。

極限能否證明？

舉例來說，要證明五歲後學英文沒有成效，那我們得先正視一個數據。很多人在四十歲才前往外國留學，並在十年後具備了母語水準的英文能力。

與此同時，我們還得證明這些人的腦部機能異於常人，屬於特例中的特例。

同理，要證明長大後學寫字沒有成效，我們也得正視很多人在六十歲才開始習字，還獲得了相當卓越的成果。同樣地，我們也得證明他們腦部機能異於常人。

這種假設根本沒辦法證明。

當然，從「物理」角度來思考，早點學習的人是比較有利的。三歲就跟著家庭教師學習小提琴的人，練習時間確實比十五歲才學的人要長。

早學琴的人習慣音樂薰陶，在人前演奏也比較自然，進步快是顯而易見的道理。

不過，這不代表腦部科學或心靈發育的論點，可以證明「人在幾歲以前學習才有成效」，這完全是兩回事。

像這一類的教育極限理論，缺乏科學上的證據，在思想上也毫無建樹。既然「不可能」在任何領域都沒被證實，我們就應該持續相信人類的可能性。

請大家千萬不要畫地自限。

持續挑戰的人，永遠都有進步和改變人生的機會。

「幹勁」正是持續挑戰的原動力，提升幹勁能不斷拓展自身的可能性。

下一章開始，我會以前面提到的五大原則為前提，從心理學的角度來說明培育幹勁的具體方法。

究竟我們該用什麼方法激勵小孩和下屬？要用什麼方法，才能培養出積極學習、勤奮工作的人呢？

接下來，我會介紹兩種截然不同的幹勁，短期幹勁和長期幹勁的培育方法。

第二章

「做就對了！」短期幹勁培育法

錯誤的方式會扼殺幹勁嗎？
要如何善用賞罰教育？
如何讓對方立即就做呢？

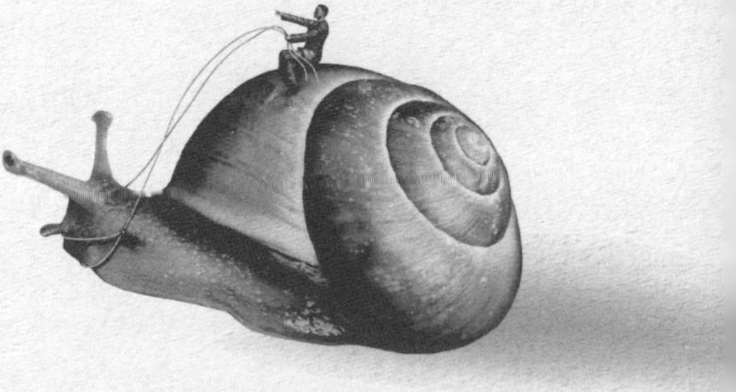

看到整天渾渾噩噩的孩子或下屬時，相信各位都會希望他們拿出幹勁，哪怕只維持一下下也好。

有些事情必須馬上去做才行，好比叫小孩完成當天的功課，或是讓下屬做好當天的業務等等。

像這種解決眼前問題的企圖心，稱為「短期幹勁」。以利誘的方式確實有培育短期幹勁的效果，也就是俗稱的「賞罰式教育」。

賞罰式教育有幾個使用上的重點，我先歸納給各位看。

①賞罰要立刻給予，不能有任何例外。

②不管對象是誰，不能投入太深的感情，否則會功虧一簣。

③仔細觀察對方的反應，「即時」給予獎勵或懲罰。

④要在「人多的地方」給予獎勵或懲罰，而非私下給予。

⑤明確傳達獎勵和懲罰的方針，並貫徹到底。

說到這裡，有件事我要先說明：

對「短期幹勁」沒興趣，想盡快知道如何培育「長期幹勁」的讀者，說不定會想跳過這一章，直接翻閱下一章對吧？不過，培育幹勁是急不得的。

誠如我在「前言」拜託各位的一樣，請耐著性子看完這一章吧！

同時，**也請各位在閱讀這一章的時候，回想過去自己受到的教育和指導，以及自己對小孩、下屬都是怎麼做的？**

相信各位一定會有很大的領悟。

我會帶各位思考「外在動機養成法」（第一到第三篇）、「外在動機提升法」（第四到第九篇）、「為何還要用賞罰教育」（第十到第十三篇）。

請各位細細閱讀，不要輕易略過。

1
外在動機養成法

表現良好就給予獎勵，表現不好就給予懲罰，用這種方式提升的幹勁，**心理學稱為「外在動機」（extrinsic motivation）**。**解決眼前問題的短期幹勁，就是靠外在動機養成的**。

比方說，小孩子對念書沒興趣，但為了吃點心會願意努力；下屬對工作沒太大興致，但不想被上司責罵。這兩種心情就是所謂的外在動機。

當事人「心中」對學習或工作沒興趣，缺乏努力的理由，所以用威逼利誘這種「外在」理由來催生動機。這是為了得到褒獎才努力的「幹勁」。

接下來，就來講解如何樹立外在動機。

2

賞罰式教育該怎麼做？

前面提過，要讓一個人產生短期幹勁，樹立外在動機是關鍵。而外在動機是靠「獎勵與懲罰」養成的。

這種方法的特點是單純又有速效性。**想善用賞罰式教育，不妨參考一下飼主教導寵物的做法。**

循循善誘

當飼主想教導寵物握手時，首先拿出狗狗喜歡的點心，狗狗一旦做出「握手」的動作，就馬上給狗狗點心吃。狗狗沒握手的話，就立刻沒收。久而久之，狗狗就學會「握手」了。

重點不是這套方法的原理，而是必須持續貫徹信賞必罰。狗狗本身對「握手」沒興趣也無所謂，總之有做出「握手」的動作就要給獎勵，這才是重點所在，不需要想太多。

現在這個方法人人都懂，而最先提出來的是行為主義心理學家霍爾（Hull）和史金納（Skinner）。

他們在實驗中教育的是老鼠和鴿子，而不是性情比較接近人類的狗狗或黑猩猩。面對老鼠和鴿子，人類沒辦法教牠們怎麼做才有獎勵。因此，只能對牠們「偶然」做出的動作持續進行獎勵與懲罰。

比方說，我們希望老鼠有向上跳躍的欲望。那就在老鼠剛好往下走的時候施以電擊，往上跳的時候給予食物，這樣就能教出一隻積極往上跳的老鼠了。

如左圖，史金納做了一種叫「史金納之箱」（Skinner box）的機關，**證明獎勵與懲罰的單純指示，可以達成多元化的學習。他將此一現象稱為「操作學習」（operant conditioning），速效性很快就受到廣泛的矚目。**

■史金納之箱

機制本身很單純，可在當時造成了很大的轟動。

馬戲團的大象和獅子會做出奇特的表演，也是操作學習的產物。號稱行為主義派的心理學家，認為這一套方法也能用在人類身上。

要樹立外在動機，關鍵是貫徹這一套行為主義的原理。

成為馴獸師

首先，你要明確告訴自己的小孩，考八十分以上就給他買玩具，考六十分以下就沒有點心吃。

小孩子考到八十分的話，你必須馬上買玩具給他。反之考不及格的話，就算他再怎麼哭鬧，也要迅速把點心收起來，這樣的規則不能有任何例外。

不要投入太多感情，是能否樹立外在動機的關鍵。因此對孩子來說，是否感到充實愉快，這一開始就不在考量之內。

重點是表現得像一個「馴獸師」，冷酷地貫徹自己宣示的規則。長此以往，小孩就會努力考到八十分以上了。

3 信賞必罰如何提升速效性？

因時制宜

誠如前面所述，表現良好時給予的獎勵是「正增強」，表現不好時給予的懲罰則是「負增強」。

我個人認為使用這種方法還要考慮TPO，效果才會更加顯著。搞錯Time（時間）、Place（地點）、Occasion（場合），效果會大幅降低。

先來看看「時間」這個要素（亦即何時給予強化）。

時間要素的關鍵在於「即刻實施」。

例如：員工表現良好的時候，你要有馬上給予獎金的豪邁氣魄。隔了一段時間才稱讚對方貢獻卓越，是沒有意義的。

使用負增強也是一樣的道理。如果對方做出錯誤的行為，一定要馬上責罵，對方才會了解。

不同的行動要使用不一樣的強化效果。擅長做到這一點的指導者，都明白即時做出反應的重要性，這又稱為「即時反饋原理」。

接下來是「地點」（該在哪裡強化），關鍵是「在人多的地方實施」。

倘若下屬按照你的期待完成工作，你要在其他員工面前大力稱讚。私底下偷偷稱讚對方的功績，無法帶給對方足夠的驕傲感。

使用負增強也一樣，在責罵下屬時，最好用其他人也聽得到的大音量責罵。私底下偷偷責罵對方，對方不會感到羞恥。

人跟其他動物不同，會被驕傲（pride）和羞恥（shame）等情感影響幹勁。盡量在多數人面前使用以強化效果，才能徹底活用這種特質。

有些人天生明白這個道理，不管是稱讚或罵人都會刻意做給其他人看。在這樣的

■賞罰式教育的TPO

- **Time（何時給予強化）**
  - ➡ 即刻實施
- **Place（該在哪裡強化）**
  - ➡ 在大庭廣眾前，不要私下進行
- **Occasion（該在什麼場合強化）**
  - ➡ 對方按期望行動則給予獎勵
  - ➡ 對方不按期望行動則馬上給予懲罰

人統率下，不管是公司或班級都會非常有紀律。

即使這麼做組織的氣氛會較為陰沉，但「馴獸師」是不能在意這點小事情的。

不抱期待

最後是場合（該在什麼場合強化）。不用說，就是當對方按照你的期望行動時，就給予獎勵，若不是，則馬上給予對方懲罰（詳見上圖）。

老鼠和鴿子無法溝通，但人類可以。你要明確告訴對方，什麼樣的情況下會獲得獎勵，什麼樣的情況下會被懲罰。例如：考試考了八十分以上就會得到獎勵，或是業績破幾萬元就能得到獎金等等。

不要期待對方自動自發，要提出明確的指示，否則只是在浪費時間。

要是你的教育方針不一致，會破壞最後這一項（該在什麼場合強化）的原理。決定好的規矩說改就改，讓對方不知道如何是好，該怎麼遵守的話，操作學習的成效就會大打折扣。

無論對方是你的小孩或下屬，你要用自己打造的史金納箱調教他們，然後遵守TPO這三大強化原則。

操作學習的教育方法就這兩點而已。

施行上述的「技巧」和「觀念」，至少對方不會在你眼前擺爛。賞罰當前，對方也只能硬著頭皮努力幹下去。

徹底忽視對方的想法，才有辦法確立外在動機。對方會產生追求獎勵的衝勁，努力去摸索正確的行動模式。

再重申一次，**這純粹是培育「短期幹勁」以解決眼前的問題，這個作法並不是真正培育幹勁的方法，無法養成人們的長期幹勁。若不介意這一點的人，再來使用這個方法。**

4

賞罰式教育的正確用法

「賞罰式教育」的原理單純，乍看之下是很簡單的方法。不過，這一套方法用在人身上，有些事情要特別留意。

首先，來談談如何正確給予「獎勵」，激發對方的幹勁。

要點歸納如下：

①一旦給予獎勵，就要持續給下去。
②獎勵的水準要提升。
③給予獎勵的時機要一直提前。
④對方樂在其中時，不要拿出獎勵。
⑤小心不要搞錯目的。

同樣的獎勵是否有效？

試想平時禮拜天早上，小孩總會叫你趕快起床，帶他出門去玩。結果今天不曉得怎麼搞的，小孩竟然溫柔地幫你搥背，慰勞你平時上班的辛勞。

此時，你非常感動，想不到那個年幼無知的孩子，已經變得這麼成熟懂事了。

這時候就該拿出獎勵了。

培育外在動機是沒時間讓你感動的，對方達成你的期望，你必須給予正增強。關鍵是立刻給予反饋，你應該先感謝小孩，再給他十元當作獎勵。

小孩拿到獎勵也會很開心，搥背本來只是舉手之勞，卻馬上獲得了稱讚與獎勵，小孩一定會很慶幸有幫你搥背。

而這一份獎勵，就是培育外在動機的起點。

之後小孩會很樂於幫你搥背，搞不好從早到晚都會搶著幫你搥背，同時幻想著存到錢以後，要拿來買自己喜歡的東西。

換言之，小孩是為了錢才搥背，不是為了你。

接下來才是真正的難關。**同樣的獎勵持續一個月，到了某一天會突然失去效果。**只給予相同的獎勵，對方的幹勁會一落千丈。

必須給予更多獎勵

因為，小孩心裡記得自己過去有多努力。**他會想要合乎付出的獎勵，所以最初的獎勵已經沒有太大功效了。**

換句話說，小孩幫你搥背幾十次，累積了豐富的經驗和技巧。當他用這些經驗和技巧繼續幫你搥背，自然會希望你能體察他的用心。

如果你依然只給十元獎勵，小孩會覺得幫你搥背不划算，幹勁也就無以為繼了。前面也說過，**外在動機只會產生「短期幹勁」，解決當事人眼前的問題。你想用獎勵繼續維持幹勁的話，就得一直增加獎勵才行。**

假設小孩幫你搥背二十次，你都只給十元。下一次你就要感謝他的辛勞，多加十元的獎勵給他，然後一直加上去。

獎勵很快就會失去魅力

還有一點要留意，**人類很快就會習慣自己獲得的稱讚和獎勵。**

例如：小孩幫你搥背二十次，你才增加獎勵，那麼下一次要更快增加獎勵，不能等到搥背四十次才增加，否則小孩會失去耐性。

一旦提前增加獎勵，之後就得更快增加獎勵。

你必須趁對方還沒膩，不斷增加獎勵。而且增加獎勵的時機，也得不斷提前。

5

獎勵反而會破壞幹勁？

其實利誘也不是百分之百管用。

除了注意上述的重點外，你還得明白一個道理，人類的心理是很奧妙的，有時候獎勵反而會毀掉一個人的幹勁。

在不恰當的時機給予獎勵，人會失去幹勁，對於這種心理現象要謹慎以待。

何謂不恰當的時機

比方說，對於熱心從事公益活動的人，就不適用此方法。

救災義工是出於愛心才行善的，結果被媒體大幅報導後，獲得眾人的喝采和表揚，反而可能因此失去熱忱，這一點不得不慎。

當我們主動做好事卻意外獲得獎勵，心裡會產生各種複雜的念頭。有些人會擔心眾人對自己期望過高，或是覺得自己領取獎勵受之有愧，開始思考跟公益活動無關的事情。

換句話說，原本單純的「關懷之情」已不復見，複雜的思緒會淡化救災的熱忱，最後不再積極從事公益活動，這樣的例子並不少見。

不管是念書或工作，如果當事人樂在其中，有心要努力，那麼千萬不要拿獎勵誘惑對方，獎勵要馬上收起來。

人類滿懷熱忱做一件事的時候，收到獎勵反而會感到掃興。**獎勵非但沒有正面效果，甚至還有弊害**。

例如：小孩子在開心跳繩，你就不該隨便提供獎勵，就連稱讚他跳得好都是多餘的。這種言不由衷的讚賞，只會破壞小孩子跳繩的興致。

仔細觀察對方的熱忱，偶爾收起獎勵靜觀其變，有時候也是非常重要的一步。

6 人會為獎勵努力嗎？

投入的真正理由

在不該給獎勵的時候提供獎勵，會破壞一個人的幹勁。心理學家德奇（Edward L. Deci）曾經用下列實驗，來證明這種現象。

德奇找來一群大學生，做了為期三天的實驗，他給那些大學生當時很流行的益智方塊。

益智方塊由七塊形狀各異的條塊組成，可以組成飛機、狗狗之類的立體模型。我也曾挑戰過益智方塊遊戲，一開始玩也非常投入。

學生們要完成五種的遊戲任務，德奇則觀察這三天之中，他們對遊戲的熱忱有何變化。

■益智方塊實驗

	組別 ①	組別 ②
第一天	置之不理 ↓ 熱衷於益智方塊	置之不理 ↓ 熱衷於益智方塊
第二天	置之不理 ↓ 熱衷於益智方塊	解開益智方塊給予獎金 ↓ 興高采烈地解益智方塊
第三天	置之不理 ↓ 熱衷於益智方塊	解開益智方塊給予獎金 ↓ 不再玩益智方塊

第一天他只觀察，什麼也不做。學生們沉迷於益智方塊中，不斷變換各種造型。

第二天，德奇把學生分成兩個對照組來觀察。第一組跟一開始一樣放牛吃草，第二組則增加解開任務可以獲得獎金的獎勵。

第二組本來覺得益智方塊很有意思，卻意外獲得獎勵。這就跟做公益行善的人，突然受到表揚的狀況很類似。

第三天是實驗的最後一天。放牛吃草的組別沒有什麼變化，大家還是很熱衷益智方塊的遊戲。

不過，第二組已經沒有心思繼續玩下去了。

起初他們拿到獎金的時候，也很積極地解任務，但隔天就懶得繼續玩了。德奇給他們獎金的那一刻起，他們就再也感受不到益智方塊的魅力了。

學生本來是覺得有趣，才主動嘗試益智方塊的。德奇給予不必要的獎勵，反而破壞了他們的熱忱……。

在錯誤時機給予獎勵，就會導致這樣的結果，這才是人性複雜的地方。

德奇之所以做這個實驗，主要是他觀察史金納箱時，心中產生了一個疑問。幼稚園的小朋友一向充滿好奇心，為何升上小學以後就失去好奇心了呢？

他發現，這跟大人改變「管教」方式有關。

小朋友升上小學以後，學校會開始指導他們餐桌禮儀，合乎禮儀的小朋友能獲得獎勵。

小朋友念幼稚園的時候，大人沒有過度干涉他們的學習或禮儀。結果一升上小學，大人卻開始獎勵乖巧聽話會讀書的孩子。德奇認為惡因就隱藏在這樣的行徑之

中，所以才進行了上述的實驗。

適得其反的獎勵

某連鎖餐飲店的社長曾告訴我一個故事，讓我聯想到德奇的實驗。

在他經營連鎖商店的生涯中，有一件事情令他特別生氣。

「我看每個店長都很努力，公司的業績也持續成長，於是大幅調高店長們的薪水。不料這麼做之後，竟然沒有任何店長感謝我，還虧我每個月多花了這麼多錢獎勵他們。」

這社長的遭遇確實很值得同情。

據他說後來底下的店長非但沒有感謝他，甚至互相比較薪水，抱怨自己領的不夠多。那位社長氣得要死，這就是給了不該給的獎勵。

每個月支付高薪，還要應付底下的人抱怨，實在是吃力不討好。

社長很後悔自己的作為，他決定以後再也不加薪了。

其實我們不難想像，那些店長原本的自我要求，比社長想像的還要高，他們是真心想把自己的分店經營好。

這時候社長拿錢來衡量他們的努力，不只沒有提升他們的幹勁，反而讓他們產生複雜的心情，最後心生不滿。

這就是很典型案例。

那些店長已經不是自動自發賣力工作（為了自己），而是為了社長發的獎金工作（為了別人），目的完全改變了。像這種人心的複雜變化，各位不可不慎。

用獎勵操控人心，很有可能壞了下屬的幹勁。如果你是組織的領袖，一定要特別的小心。

同理，用獎勵鼓舞孩子念書，孩子會越念越沒興致。

假如你看到孩子突然熱衷某件事情，請不要提供多餘的獎勵破壞他的熱忱。

看到這裡，相信大家都注意到了，**人類不會真的為了金錢或獎勵而努力。**

再怎麼懶散的人，內心也想靠自己的意志去做一番事業，無論大人小孩都一樣。

畢竟人類是一種複雜又崇高的生物。
這也是人類和其他動物決定性的差異，各位千萬不要因好心壞了事。

7 正確的懲罰方式

前面介紹的，是關於獎勵的注意事項。

通常大家聽到我這麼說後，都會感到訝異，無法想像獎勵和讚賞，竟藏有這樣的陷阱。事實上人心就跟我剛才說的一樣很複雜，很難一直靠獎勵維持幹勁。

使用獎勵尚且有這麼多難處，「懲罰」就更不用說了。

懲罰的缺點相信每個人都猜得到。例如：會帶給當事人心靈上的衝擊，甚至使當事人徹底厭惡自己的工作等等。

接下來我想介紹懲罰的缺點，以及懲罰效果並不大的事實。

要用懲罰提升幹勁，得注意下列幾大要點：

①你會帶給對方壓力，但傳達訊息的效果十分有限。

②善後工作做好，懲罰才會有效。

③動不動就懲罰，反而會養成對方擺爛的個性。

懲罰的訊息是什麼？

所謂的懲罰，就是在對方犯錯的時候打罵，或是沒收他的獎勵。在動物實驗中，則是用電擊來做為懲罰。

像這一類的負增強，會讓對方學到一個事實：「啊，我錯了」、「這樣做是不對的」。

就好比電視上的益智問答節目，來賓答錯會響起「噗噗」的聲音一樣，對方會很清楚自己做錯了。

反過來說，懲罰能傳達的訊息也只有如此。懲罰沒有任何教育上的意義，對方根本不曉得接下來該怎麼做才會成功。

然而懲罰的衝擊性卻很大，所以動手的一方才會誤以為這麼做有效，其實懲罰的效果相當有限。

使用懲罰對雙方來說都會產生壓力，而且傳達的訊息量非常少，這一點千萬不要忘記。

在懲罰對方時，你要告訴對方受懲的原因，還有你希望他下一次怎麼做，順便讓他知道你的懲罰是出於關愛。沒有這些「真心誠意」的善後工作，你的懲罰只是在折磨對方，沒有任何意義。

沒有關愛的懲罰，只會留下衝擊的印象，反而剝奪對方再次挑戰的企圖心。

各位在懲罰對方的同時，有辦法給出比「疼痛」更強烈的「感動」嗎？使用懲罰是非常講究技巧的。

刺激恐懼感可行嗎

曾經有人用老鼠做實驗，方法是把老鼠放在T字形路口，往左轉就有食物吃，往右轉就會被電擊。也就是用單純的「賞罰式教育」，讓老鼠盡快學會認路方法。

■ 老鼠的岔路實驗

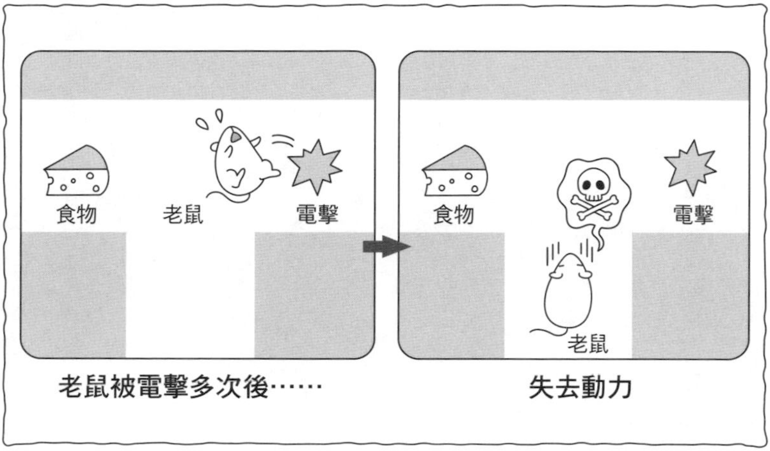

照理說，為了躲避電擊的痛苦，老鼠應該很快學會認路才對。

不過，被電擊多次的老鼠並不是這麼想的。為了躲避痛苦，牠會選擇停留在原地。

從生物學的角度來看，會有這種想法是理所當然的。老鼠寧可停在原地，也不願四處去尋找食物（如上圖）。

受到懲罰以後，往左往右對牠早已不重要。與其冒著被電的風險尋找食物，還不如乖乖停在原地。

換句話說，**用懲罰刺激幹勁的做法，反而破壞了動機**。老鼠非但沒有幹勁，經過解剖後發現，胃潰瘍的情形變嚴重了，這代表懲罰只是增加老鼠的壓力，完全是本末倒置的行為。

同樣的道理也適用在人身上。懲罰會帶給當事人恐懼，使其做出迴避責罵或體罰的舉動，不願嘗試任何挑戰。羞恥也是一種懲罰，例如有些人害怕被恥笑，因此一輩子不願在人前演講。

從各種角度來看，懲罰只會阻礙對方主動去做的動機。如果你還想用懲罰激發對方幹勁，那就像我剛才講的一樣，你要有很完善的善後技巧和自信才行。

懲罰無法給人夢想

順帶一提，像那種考高分就給獎勵的做法，至少還帶有一點希望。

獎勵本身雖然也沒有教育上的內涵，卻比懲罰有「魅力」。所以，小孩會去思考達成目標的方法，人在追求自己喜歡的東西時，會成為優秀的策略家。

比方說，擅長踢足球能獲得女孩芳心，一個對足球沒興趣的小男生，可能會因此對足球產生一定的關注，研究如何帥氣地射門得分。

不管是追求獎勵還是異性，只要有具體的夢想存在，人就會去思考最好的達標方法。

相反的，做得不好就施以懲罰，這種做法很難引起對方的興趣。當事人只會勉強達到不被懲罰的標準，不會浪費多餘的心力追求高標。

對方沒有達成你的期望就給予懲罰，這種刺激幹勁的方法毫無夢想可言。用這種缺乏魅力的教育方式，對方不會思考如何達成目標。當然，就理論上來說「有夢想的懲罰」或許是管用的，但實際上魚與熊掌難以兼顧。

8 懲罰的時機很重要

懲罰可以迅速刺激當事人，因此對施行的一方來說，也有解氣的作用。可是，沒有萬全的善後工作和夢想，懲罰就只是單純的刺激，對方只會感到痛苦和厭惡。

曾有研究結果顯示，在錯誤時機施以懲罰，甚至會培養出徹底擺爛的性格。

胡亂懲罰的下場

心理學家馬丁・賽里格曼（Martin E. P. Seligman）用狗做實驗，明確指出了胡亂懲罰的後果。

他讓狗站在原地，對狗的前腳施以電擊。電擊不會危害到狗的性命，但對狗來說是一種很討厭的體驗。

電擊持續一會兒後，狗當然會使出渾身解數逃離電擊。之後實驗者隨意停止電擊，狗並不是靠自己的努力逃脫痛苦。

過一段時間，實驗者再次隨意施加電擊，然後突然停止，像這樣類似的循環一直重複下去。

在這種環境下，被「胡亂懲罰」的狗會怎麼樣呢？

不久之後，不管實驗者如何電擊，狗直接放棄掙扎，趴在地上等待電擊停止。

一開始拼命掙扎的狗，發現掙扎也沒用，便喪失了掙扎的氣力。

放棄逃跑

實驗者將牠放入另一個箱子中，地板同樣有電擊裝置，但這一次環境稍有不同。

箱子裡有一塊不高的隔板，狗跳過隔板到另一邊就不會被電擊了，因此，要逃避電擊並不困難。

換句話說，前後兩次實驗的條件不同。

■放棄逃跑的狗

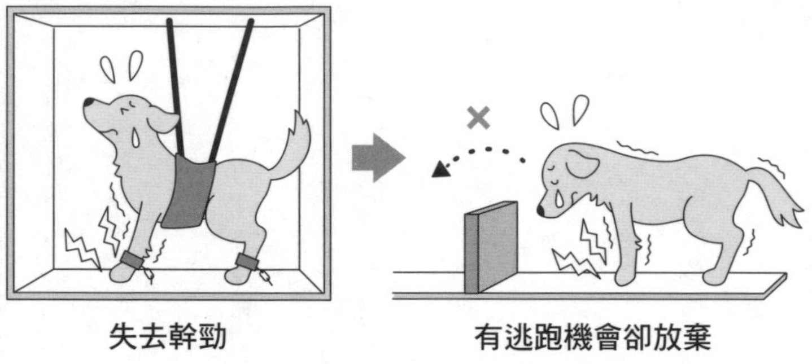

剛才拼命掙扎一點用也沒有，這一次跳過隔板就能逃離電擊。

想不到，失去掙扎意志的狗，卻再也無法恢復原樣（見上圖）。

狗跟剛才的實驗一樣，寧可待在原地忍受電擊，也不肯積極掙扎逃脫。實驗者任意施加電擊的結果，造就出怯懦無力的性格。

類似的實驗也曾應用在人類身上。日裔美籍研究生廣仁（Donald Hiroto）想知道，人在無法中止噪音的房間裡，會有什麼樣的反應。

經歷過噪音騷擾的實驗者，就算移

動到按下按鈕就可以停止噪音的房間裡，也會什麼都不願嘗試的繼續忍受。因為他們學到一種無力感，認定噪音是不可能停止的。

9

為何懲罰不適合人類？

懲罰教育並不透明

如果你想用懲罰逼迫對方行動，那麼你必須跟孩子或下屬訂立明確的規則，告訴他們怎麼做才不會受到懲罰，並且讓他們知道躲避懲罰很容易。規則訂好就要信守承諾，否則下場就會跟前面提到的實驗一樣。

千萬不要胡亂懲罰對方，讓對方感到捉摸不定。

例如：下屬跑完業務回到公司，累得滿頭大汗。上司心情好的時候就慰問下屬辛勞，心情不好的時候，就罵下屬沒有顧及儀容，會帶給客戶不好的印象。像這種陰晴不定的上司，沒辦法培養下屬的幹勁。

如果一家企業中有這種上司，受影響的不只是業務人員，所有員工的士氣都會受到影響。

又好比小孩考試滿分，興高采烈拿考卷回家。父母有空的時候就稱讚孩子努力，沒空的時候就冷淡以對，甚至一反常態，跟小孩說人生不是只有考試而已。在這種狀況下，小孩不會有幹勁去做任何事。

誠如前述，胡亂懲罰只會讓對方萎靡不振，從此失去幹勁。所以，除非你有辦法確保懲罰規則百分之百公開透明，不然一開始就不要用懲罰來對待對方。

人類會忍受懲罰

懲罰是一種很大的壓力來源，人在遭遇懲罰後，也會跟狗一樣選擇愣在原地，或是逃離懲罰的痛苦，這也是正常生物採取的措施。

然而，不管是大人或小孩，在動不動就被打罵的情況下，非但不會停止錯誤的行為，甚至還會持續下去。

人類是有辦法忍受懲罰的。

反正做什麼都會被罰，那乾脆忍著痛苦繼續做。

這是人類和動物決定性的差異。

就算不被認可，受盡冷嘲熱諷，人類還是不會放棄嘗試，從生物的角度來看這是不合邏輯的努力，是只有人類會做這種事。比方說，一個小孩不受母親重視，父親也不顧家庭，但小孩還是會努力想得到父母關愛，也只有人類的小孩才會這樣做。

我們之所以為人，就是因為這種不合邏輯的心理狀態。人類受到傷害也不會知難而退，因此才能建立起高等的文明。

話雖如此，這種忍辱負重的生活也維持不了太久。不理性的懲處會引發精神官能症和憂鬱症，類似的病理在每一個年齡層都有增加的趨勢。

人類有一種忍耐懲罰的天性，不會馬上逃離痛苦。這也是我們在施用懲罰的時候，必須小心謹慎的原因。

如果你沒有善用懲罰的自信，那最好不要使用。

長期給予獎勵和懲罰的下場

樹立外在動機看似簡單，實則非常困難。**以威脅利誘的方式教育對方，確實能提升「短期幹勁」解決當下問題。**

不過，這一套方法用久了，反而會培養出完全沒幹勁的人。

以我個人的經驗，很多來找我診療的大人，他們的孩子反而更令我擔心。那些孩子年紀尚小卻毫無活力，有的孩子成熟到很不自然的地步，甚至提不起勁去嘗試新的事物。

畢竟他們的父母心理不健康，自然沒有多餘的心力顧慮孩子。許多父母管教子女的方式陰晴不定，胡亂施以獎勵和懲罰。有人買遊戲給小孩玩，以免小孩去煩他們，結果小孩熱衷玩遊戲，他們又責備孩子玩得太過火。被這種父母管教的小孩，整天都在看父母的臉色，完全沒有孩子該有的表情。

當然，我也很擔心那些來看診的大人，但一想到他們的孩子未來會經歷的磨難，我就更感到痛心。

各位不要以為這些事跟你無關，**通常優秀又充滿熱忱的人，都習慣用賞罰分明的方式教育自己的下屬或孩子**。

請仔細觀察，對方的表情是否喪失活力，性格是否變得缺乏幹勁。

不少人習慣用賞罰教育來解決眼前的問題，結果逼走了下屬，甚至害了孩子成為繭居族而不自知。

10

為什麼還要用「賞罰教育」？

看到這裡，相信大家都能了解下列幾個要點：

①獎勵和懲罰有速效性。

②獎懲技巧看似單純，實則複雜。

③效果維持期間不長。

④長期使用獎懲，最終會培養出毫無幹勁的人。

總結來說，提升外在動機適合用來調教動物或寵物，但不適合用在人身上。

為何「賞罰教育」大行其道？

用賞罰教育來解決「眼前的問題」確實有效，但是長久用下來，可能會有嚴重的後果。

既然如此，為何「賞罰教育」依舊人盡皆知，而且受到大家的重視呢？到底賞罰教育是對還是錯？

在這裡我先歸納幾個重點：

①支持賞罰教育的人認為，人類天性懶惰。

②事實上，人類想靠「自我意志」活下去的意念非常強烈。

下面幾章，我們就來探討這幾點。

11 執著於賞罰的觀念

研究行為理論的心理學家，透過動物實驗闡明了正增強與負增強的原理。直到史金納的實驗問世，人們才開始探討將這一套方法用在人類身上的可行性。

史金納也對自己的外甥做過不少測試。

賞罰不適合人類

我年輕時也很嚮往這一套單純的實驗模型。我熱衷於實驗，想弄清楚不同的機制會引發什麼樣的反應。

可是，根據我在醫院的臨床經驗，我很快就發現用賞罰行為論來做「行為治療」，有其難度和極限。

把這一套理論用在人類身上，的確可以馬上改變對方行動，病患的家人也很開心。問題是當事人會產生其他問題，最後又要從頭開始治療。

比方說，我用適當的賞罰教育，讓不肯上學的孩子回到學校念書。然而，那只是治標不治本的方法，幾乎每一個小孩都會產生更大的心理問題。**他們頂多只復學半年左右，之後就會惡化成繭居族。**

成人「繭居」的狀況也一樣，用賞罰教育誘導他們外出，沒多久就會遇到瓶頸。真正該解決的是心理層面的問題，而不是表面上的威脅利誘。

賞罰行動論可以大幅改變「短期行為」，但無法在根本上賦予當事人動力，讓當事人努力面對未來。

懶人心理學

從長遠的角度來看，用外在動機激發幹勁的做法不適合人類。

非但不適合，長久下來當事人會徹底失去幹勁。

既然如此，為何人們在進行研究時，還是以「賞罰可以控制人類」為前提？為何這種方法依舊深植人心，每個人都想運用在教育上？

在考慮這個問題時，我們必須談到所謂的「人性觀念」。

堅持賞罰教育的人，套一句心理學家的話，都是對「人天生都是懶惰的」這件事抱有信念的人。

也就是說，他們認為人類天性懶惰，不會主動去做任何事情。

人類根本無心奮鬥，唯有在饑渴和疼痛的壓力之下，才會產生「幹勁」去解決自己遭遇的問題，這就是懶人心理學的人性觀念。

心理學家霍爾提出的理論極具代表性，他主張生物為了降低饑渴與疼痛的「壓力」，才會自動自發採取行動。總之，幹勁源於消除壓力的念頭，這種思維稱為驅力降減論（drive-reduction theory）。

確實，我們要工作賺錢，努力維持自己的食衣住行。同時我們賣力學習和工作，也是要降低金錢匱乏的不安，以及避免被社會孤立。

不過，人類是否沒壓力就不會努力？這種人性觀念是正確的嗎？沒有獎勵與懲罰，人類就不會自動自發嗎？

12

人類是否天生懶惰？

一九五〇年代，美國和加拿大做過幾個實驗，研究人類是否天生懶惰。研究者想知道沒壓力是否等同於幸福？是否衣食無缺就心滿意足？

首先，研究者招募學生參與實驗，提供他們高額的打工費用。學生不必從事任何工作，整天吃飽睡、睡飽吃就好。這種打工可以一直持續下去，幹得越久賺得越多。

換作是我一定馬上報名參加。

事實上，也有學生想趁放假從事這份工作，存下買車的錢。

沒有壓力的生活

這份工作什麼都不用做，反過來說也什麼都不能做（詳見左圖）。學生的雙手要包起來，連抓東西都辦不到。眼睛要戴上毛玻璃眼鏡，耳朵也被塞住聽不到任何聲音。實驗過程中，不會有煩人的拜訪者。

話雖如此，吃飯或上廁所時可以摘下眼鏡，放開雙手。因此，不會有饑渴、疼痛、外在打擾等壓力。也就是說，實驗者在生理上完全沒有壓力，對生物來說這是很幸福的狀態。

研究者提供安逸的生活，還有豐厚的報酬。如果說人類沒有必要就不會主動做什麼，那麼照理說參與實驗的學生，能夠永遠幹這份工作。

不料，大多數學生兩、三天就受不了了。

他們表示，自己寧可去做更加勞心勞力的工作，哪怕薪水低一點也沒關係。學生們接二連三退出實驗，徹底違反了研究者的假設。

執行這個實驗的心理學家賀倫（W Heron），真正想觀察的是那些持續參與實驗

■感覺剝奪實驗

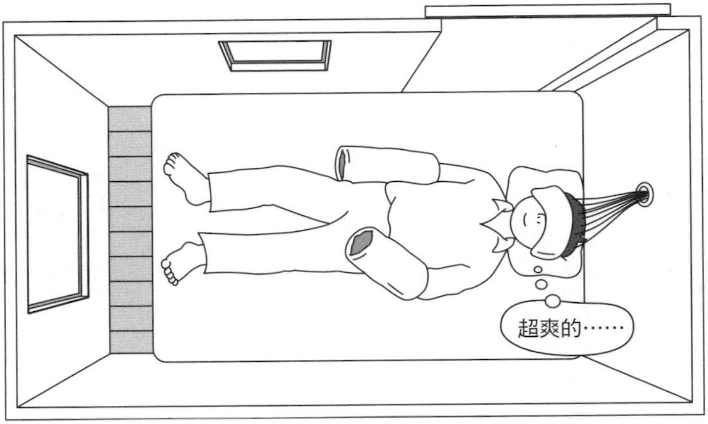

的學生。**那些學生連續幾天忍耐這種狀況，結果才短短數日就失去了算數能力，甚至相信鬼魂等非現實的話題，還有人看到不存在的幻覺。**

沒有壓力的生活一點也不幸福，而且還會形成一種容易被洗腦的狀態。

後來，賀倫摘下學生的眼鏡，給他們一本電話簿，想不到學生開始拼命閱讀；用收音機播放股價訊息，訊息就只有公司名稱和數字，學生卻專注聆聽他們原本不感興趣的股價訊息。

實驗結束後，很多學生甚至一直沒有恢復正常，所以感覺剝奪實驗就被禁止了。

13

人類永遠在追求成就感

沒壓力的生活不僅不幸福，甚至會造成心理異常。這代表人類非常勤勞，絕不是天生懶惰的動物。

因此，賞罰這一類的外在動機固然可以解決「眼前的問題」，但沒辦法「一直」維持當事人的幹勁。

在沒有威脅利誘的情況下，人類依舊會想做點什麼。就算沒有獎勵與懲罰，我們也希望在生活中滿足好奇心，獲得充實感，這才是人心中的願望。

相信各位也想追求有趣的事物，整天在家無所事事看電視，稱不上有趣。我們的心永遠在追求有趣、有成就感的目標，哪怕是小事也無所謂。

本章介紹的是如何培育「短期幹勁」的方法。

只要善用獎勵與懲罰，培育短期的幹勁並不困難。然而，這只能短暫解決方法，長期下來當事人無法滿足於自己的人生。

我們都想靠自己的意志，去做更遠大、更有趣的事情。不培育「長期幹勁」，動力遲早無以為繼。

下一章我會告訴各位，如何培育出充滿幹勁的人，並且維持其幹勁。

第三章

讓人「主動想做」的長期幹勁養成法（期待篇）

如何矯正錯誤的幹勁提振方式？

如何產生長期且永不削減的幹勁？

做得好就給予獎勵，做不好就施以懲罰，用這種方式只能提升「外在動機」（extrinsic motivation），而且最終都會遇到瓶頸，這一點前面已經說明過了。

因此，改用另一種提升幹勁的機制，亦即「內在動機」（intrinsic motivation）結果會更好。

俗話說得好，人不能只為麵包而活。人生在世，追求獎勵與報酬不是唯一目標。我們都需要精神上的充實感和生存意義，這種「內在」的滿足感，才是幹勁的來源。

那麼，具體來說什麼叫內在的滿足感？人類要感受到什麼樣的情緒，才會活得開朗又充滿幹勁？

培養長期幹勁的「心理公式」

心理學家阿特金森（John William Atkinson）提出了兩大重點，一是「期待」（expectancy），二是「價值」（value）。簡單說，期待是指「達成目標的成功率」，價值則是「目標是否有魅力」。

的確「成功率」和「魅力」這兩大要素，是人類是否願意主動嘗試新事物的重要關鍵。

以戀愛來比喻各位就明白了。

假設你參加聯誼認識了一個對象，你很猶豫是否要跟對方交往。

如果對方不是你的菜（價值為零），就算對方很喜歡你（期待百分百），那麼你也不會產生內在動機，主動邀請對方約會或告白。

反之，如果對方是萬人迷（價值百分百），但根本看不上你（期待為零），你也不會搶著去當炮灰。

要產生真正的幹勁，期待和價值兩者缺一不可。

不管是學業或人際關係，任何內在幹勁都能用這套理論來說明。

「成功率」和「魅力」的多寡，會形成一道乘法算式。我們的幹勁高低，會受到這一道算式的影響。

■期待、價值與動機的關聯

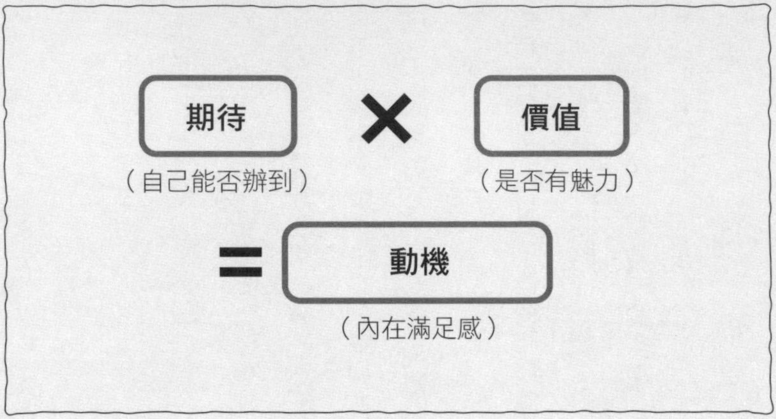

「期待」×「價值」＝動機

期待與價值的影響不是單純的加法，而是乘法，這是阿特金森理論的一大特徵。

倘若其中一方為零，那麼即使另一方有一兆，得出來的結果同樣為零。**阿特金森稱這一套理論為「期待×價值理論」，這種思維是心理學「動機研究」的基礎**。

我個人認為，直到今日還沒有一個簡單又有說服力的論述，可以推翻這套理論。

因此，本書將以此為軸心，探討實

用的「人才培育法」，教各位如何具體應用。

當我們實際培育一個人時，該如何提示「期待」與「價值」呢？

身為公司領導或為人父母者，應該思考如何確立對方的「期待」與「價值」，培養出不必動用賞罰，也會自動自發的人才。

第三章主要探討「期待」，第四章則解說「價值」。

1

遠大的目標為何打動不了人心？

遠大志向無用論

樹立目標是培育幹勁的第一步，不管教育的對象是大人或小孩，都要先揭示目標才會有躍躍欲試的欲望。

打個比方，我們很難在毫無標識的大海盲目游泳。

然而，目標設定不恰當反而會拉低幹勁。各位設定的目標，是否真能打動人心？

什麼叫拉低幹勁的目標呢？就是直接設定一個遙不可及的目標。

我就看過某些補習班或企業，提出一些很不切實際的目標。例如：要求小孩超越天才，達到世界一流的水準；或是要求員工開創全球化企業，造就百億營業額；也有老闆要求主管徹底檢討公司營運系統。

的確，志向遠大是值得讚賞的事情，人要有志向才會產生希望和勇氣。

不過有一點要特別留意，**太過遠大的志向會帶給心靈極大的負擔。賦予對方過大的目標，可能會拉低幹勁，箇中原理我們必須瞭解才行。**

老鼠的憂鬱

關於這一點，心理學家塞利格曼等人曾經做過一個實驗。

實驗方式是電擊老鼠，總共有三個對照組：

①按一次按鈕即可停止電擊的組別（小目標）。

②不斷施以電擊的組別。

③按八次按鈕才能停止電擊的組別（大目標）。

電擊實驗結束後，塞利格曼解剖老鼠來看牠們胃潰瘍的程度，以瞭解老鼠承受的壓力有多大。各位覺得哪一組老鼠最痛苦，胃潰瘍的程度最嚴重？

按照前面章節的說法，照理講應該是第二組最糟糕。因為不斷施以電擊，會讓老鼠產生一種做什麼都徒勞無功的心態。

可是，結果並非如此。胃潰瘍程度最嚴重的，竟然是目標最遠大的第三組。

確實，連按八次按鈕對老鼠來說太困難了。當然，這是努力就能達成的目標，乍看之下也值得一試，但這種環境對生物卻最為痛苦。

給予老鼠過於龐大的目標，反而比毫無目標、做什麼都徒勞無功的狀況更糟糕。

研究結果歸納起來，按一次按鈕即可的組別壓力最小，徒勞無功的組別壓力次之，按八次按鈕的組別壓力最大（詳見左圖）。

目標大到不想努力

換句話說，「努力就會成功」的狀況是最理想的。**「徒勞無功」的狀況很糟糕，但最糟糕的狀況是必須要「非常努力才會成功」。像這樣類似的研究很多，結果也都大同小異。**

■大目標與小目標

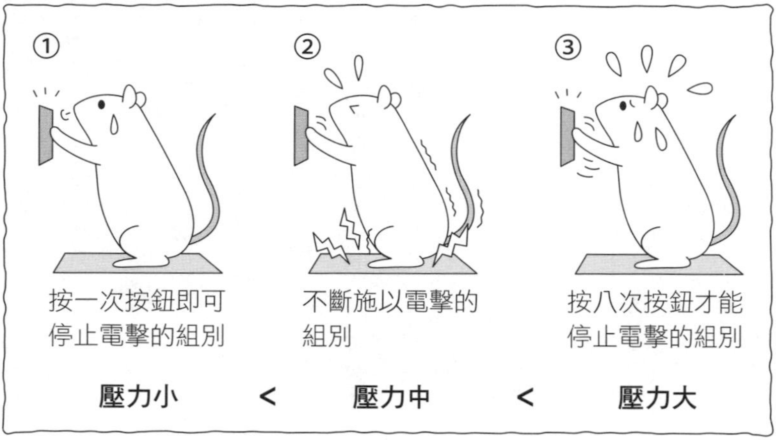

這代表就算目標並非遙不可及，如果一定要非常拼命才會成功，那還不如一開始就注定失敗。畢竟一開始就注定失敗，我們還可以怪別人不好；若是非常拼命就會成功，那麼失敗就是自己不好了。

你的孩子或下屬，是否跟這隻老鼠一樣？他們有沒有覺得壓力很大？教育的關鍵在於賦予遠大的志向，但只丟出一個遠大的志向要求對方要做到，對方的幹勁會越來越薄弱，甚至還會影響到身心健康。

當然，有時候一些熱血的鼓舞，可

以幫助對方跨越困境。比如：斥責對方面對問題，不要逃避自己該做的事，或是鼓勵對方靠意志力度過難過等等。

不過，這都只有一時的激勵功效。**偶爾為之還管用，動不動就提出過度的要求，只會收到反效果**。

我經常幫企業舉辦心理健康講座，不少企業提出一個遠大的目標後，剩下的全部丟給員工去解決，底下員工罹患精神疾病的機率也跟著升高。

所以請確認一下，你是否有把遠大的目標強加在對方身上，或你身上是否也被施加了過大目標。

2 如何讓人覺得目標可行？

長期目標與短期目標

心理學是把「長期目標」和「短期目標」分開思考的。這兩者必須兼顧，人心才會產生「期待」。

所謂的長期目標，就是前面提到的遠大志向。好比以偉人為目標、打造全球化企業、考上名門學校、大幅增進業績等等，就像在遠方豎立一道旗幟，差不多跟要求老鼠按八次按鈕一樣困難。

短期目標則是指當下該如何行動，最終才能達成遠大的目標。例如，當天應該先做什麼，一個禮拜要完成多少進度等等。

階段思考

一場全馬是四十二．一九五公里，選手都要朝著遙遠的終點邁進。但他們會依照教練的指示或自身經驗，先規劃出一個跑法。例如：要在幾分幾秒內，跑到某一個定點，或是在折返處保留多少體力等等（詳見左圖）。

換句話說，選手腦中有許多短期目標。

當一個選手眼前有其他跑者，就會產生超越對方的衝勁。反之，前方沒有其他跑者，選手跑起來就會覺得很累。

以前方的對手為短期目標，選手跑起來特別有勁。

其實努力工作的上班族、苦讀的學生、減肥的胖子、對抗病魔的患者，都能用這樣的觀念逐步達成目標。

追求遙遠的願景時，需要先設立「當下的目標」。而且我們得確定，做好當下的目標最終就能達成願景，這種確信對每個人都是必要的。

■ 長期目標與短期目標

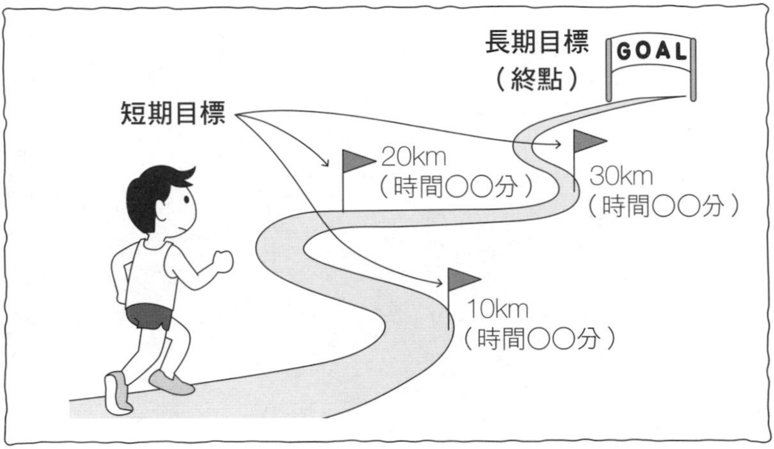

只設立長期目標，「期待」自然不會高到哪裡去。例如：一下子就要求小孩考　百分，一下子就要求胖子變成模特兒體型，這都不切實際。

曾經有出版社找我寫書，完全交給我自由發揮。可是我只獲得一個長期目標，中途就快寫不下去了。

我得瞭解具體的短期目標，好比多久要完成多少篇幅等等，這樣才能保持我個人的「期待」。

長期目標要搭配短期目標提出來，才不會增加對方的壓力。給了一個長期目標後，還要設定相關的短期目標，當事人才有辦法維持幹勁。

這就好比想償還龐大的欠款時，如果沒有一個實際的分期償還金額，債務人肯定會放棄還款出國深造。

3 如何防止三分鐘熱度？

前面已經提過短期目標的重要性，培育人才要遵守下列兩大重點：「自己設定目標」以及「讓多數人共有目標」。

自己設定目標

大目標由他人提出沒關係，但**短期目標要自己決定**。

所有目標都由他人決定，當事者只會有種事不關己的感覺，很難產生責任感。所以一旦遇到挫折或麻煩，當事人就會怪罪對方目標定得不好，替自己的怠惰找到心理上的藉口。

例如：新聞經常報導工程偷工減料之類的議題，這多半是企業或公家機關定了一個不切實際的目標，致使基層產生事不關己的態度，隨便應付交差了事。

目標由自己設定，才會意識到那是自己的問題，而不是別人的問題。

同樣的道理也適用在孩子身上。

心理學家班度拉（Albert Bandura）也證實，在小學的算數課堂上，自己設定短期目標的孩子進步顯著，被大人賦予目標的孩子則毫無長進。

因為是自己設定的計劃，孩子才願意努力。被別人賦予目標的孩子，跟完全沒有目標的孩子一樣缺乏幹勁，這樣的現象令人玩味。

讓多數人共有目標

設立短期目標的第二大要點，就是**讓多一點的人共有目標**。

孤獨的人很難完成目標，哪怕我們把目標定得再有效率都一樣。

很多酒精成癮、藥物成癮的患者跑來找我心理諮詢時，我發現他們不只無法達成戒酒、戒藥的長期目標，就連「只戒一天」的短期目標都很難辦到。

於是，我請他們設定更詳細的短期目標，例如：早上不喝酒、中午不喝酒、傍晚不喝酒、睡前不喝酒等等。然後，我會關心他們的目標達成度，陪他們一起開心或難過，檢討酗酒或嗑藥背後所隱藏的壓力來源。當我發現自己誤判患者的病情，還會提供建議幫他們改變短期目標。

我跟患者共同朝著戒酒、戒藥的目標邁進。但憑良心講，光靠治療師和患者兩個人努力的效果很有限。

因此，我會請患者參加戒酒會或戒藥團體。雖然他們一開始都不好意思參加，但身在其中跟許多人共有短期目標、互相勉勵後，效果比單獨找我諮詢還要好。

當我們知道，努力的不是只有自己一個人，其他人也有同樣的短期目標，**這就好比一個人原本以為自己在大海裡孤獨游泳，結果發現身旁還有其他人共泳。這種感動是激勵人心的動力**，孤獨的時候可沒有這種效果。

小孩定下讀書計劃後，最好全家人一起參與。

每一個階段的短期目標定好後，你要告訴孩子你會陪他一起努力，他的目標不是他一個人的問題，而是全家人共同追求的目標。一開始不習慣的時候，說這些話可能有些彆扭，但這麼做之後，孩子會產生極大的幹勁和成就感。

在企業就職的大人也一樣，孤獨只會侵蝕一個人追求目標的幹勁。

4

讓目標變簡單的方法

能區分清輕重緩急

設定好長期目標和短期目標後，接下來該思考**要先從哪個目標下手**。

有些業務內容有既定的優先順序，但大多數情況下，該做的事情往往有好幾項，其實先做哪一項都不打緊。

比方說，上司交代你處理日常業務，這種工作的先後順序多少可以自行決定。學校的功課也可以先從簡單的做起，不是非得從困難的開始著手。

奇怪的是，很多人都習慣按照固定的順序做起。站在心理學的角度來看，這是非常吃虧的思維。

身為一個領袖，你要讓底下的人養成一個習慣。也就是教他們找出成功率較高的

工作，先略過那些比較困難的業務，不要執著於既定的處理順序（詳見左圖）。

總之，告訴他們先從簡單的做起就行了。

氣勢很重要

例如：你按照客戶名單依序打電話拉業務，剛好前面三、四次都以失敗收場。

想當然，你講話會變得有氣無力，失去說服對方的魄力和耐心，本來拉得到的客戶也全都沒拉到。結果自信一落千丈，期待也持續下滑，這是一種惡性循環。

你應該先挑「成功率」較高的客戶，替自己增加一點氣勢，等氣勢培養起來再去處理困難的客戶。如此一來，你的「期待」會越來越高昂，表現也就特別突出。

有些人在準備考試的時候，很懂得運用這個方法。

想在有限的時間內考到及格分數，不要傻傻地從第一題開始作答。而是先看完整張考卷，去解那些你一定會答對的題目，困難的題目稍後再來解。

以追求滿分為目標的孩子，念書容易遇到瓶頸而懂得事先做出取捨，又不會太苛

■處理問題的順序

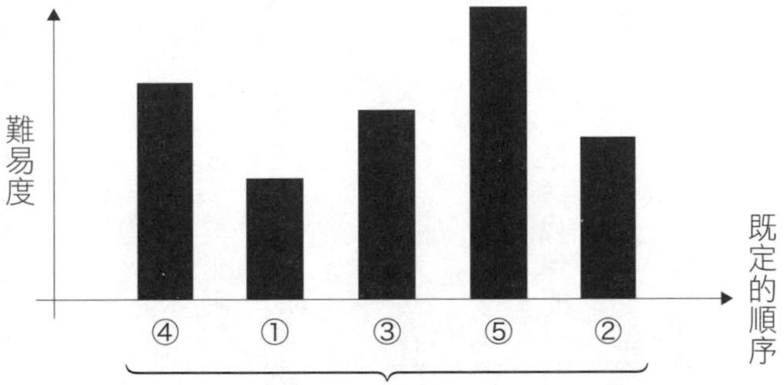

先從簡單的做起，困難的留到後面再處理

求成果的孩子，反而比較擅長考試。

高學歷的人多半都用這種方法做事。如何讓自己做得輕鬆愉快，和成果好壞有十分密切的關聯。

商場上也是一樣的道理，如果各位看到下屬在處理困難的案子，先喊暫停吧！**讓對方先從簡單的部分，或是擅長的部分做起。降低工作的困難度，才會提升「期待」的情緒。**

不管是教育小孩、下屬或自己工作時，都先從簡單的做起，增加信心。激發氣勢克服難關，這才是關鍵所在。

5
堅定的自信如何產生？

前面幾個章節有一個共通點，**那就是設立一個輕鬆的目標，並且營造出可以安心完成目標的環境**。用這種方式提升「期待」，心理學家班度拉（Albert Bandura）稱為「自我效能感」。

在一般人的觀念裡，所謂的「自我效能感」是一種自信，也就是相信努力一定會獲得好的結果。

不過，這只是自我效能感的一部分，班度拉把這種自信稱為「結果預期」（outcome expectation），跟「效能預期」（efficacy expectation）是不一樣的。結果預期是「努力就會成功」的思維，效能預期則牽涉到「努力的意願」（詳見下頁圖示）。

前面講的方法，是要各位關注「效能預期」。除了了解努力就有好結果以外，還

■效能預期和結果預期

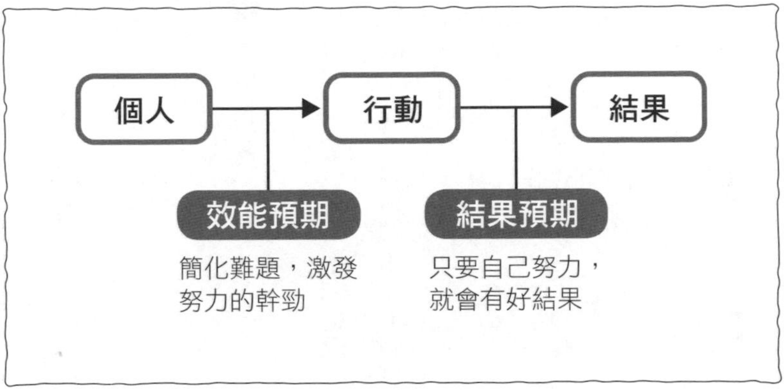

要知道努力的方法。結果預期和效能預期要一起培育，才能真正發揮自我效能感。

要是你發現自己非得用賞罰教育才願意行動，那就代表這兩種預期可能缺了其中一種。

請好好反省一下，你是否只有長期目標？短期目標的設定是否恰當？是否在孤獨的環境中努力？一開始處理的課題是否太過困難？

在追求遠大的目標時，每個人都需要一個心靈上的伙伴，你我都不例外。

6

永不放棄者的兩大支柱

兩種「自我」

設定好長期目標和短期目標後，我建議各位再多下一道功夫。

那就是在平日對話中，不要只談你想達成的目標，還要談一些令人嚮往的生活態度或做事方法。

其實，光靠企圖心（wish to become）是無法打動人心的。比方說，考上名校、推出熱門商品等等。就算有了很棒的長期目標和短期目標，當事人總有一天還是會感到空虛。

先不論結果，而是提示一種嚮往（wish being）。例如：產生積極正面的心態，嚮往全力以赴的做事方法，這樣幹勁才能維持下去。

■追求的目標和嚮往的目標

● 追求的目標（wish to become）

「要考上名校。」
「要推出熱門商品。」

＋

● 嚮往的目標（wish being）

「想要積極向上。」
「想要全力以赴。」

如此一來，就算計劃進行得不順利，也不會輕易放棄，更不會替失敗找藉口。這就是另一個心靈上的支柱，可以讓人重新振作起來，再次往目標邁進。有兩種心靈上的支柱，就不會輕易被挫折打垮了（詳見上圖）。

如果你能顧及「企圖心」和「嚮往」，那麼你就很有機會成為一個很棒的心理諮商師。

意識到自己的「嚮往」

假設有人問你的目標是什麼，多數人的回答都是「become」，例如：想去打職棒、想當上大公司的老闆等等。

當然，也有不少人想的是別種答案，他們的腦海裡想的是「being」，好比希望發揮自己的特質、希望工作開心等等。說不定現在年輕人大多都是這樣想的。

誠如前述，**目標有分長期目標和短期目標，這兩者的「份量」不同。而追求的目標和嚮往的目標，這兩者則是「質量」不一樣，希望各位也能留意這兩大層面。**

比方說，新進員工心中充滿嚮往，他們可能希望自己維持創新思維，或是成為一個值得信賴的人。然而，上司卻整天追求營業額，久而久之他們就會失去幹勁，越來越討厭去公司上班。

相對地，只有「企圖心」而沒有「嚮往」的人，在某些因緣際會下，可能會產生空虛寂寥的心情。他們會覺得自己似乎缺了什麼，達成目標對人生也毫無意義。

這種空虛的心態，會突然轉化為極端負面的情感。會使人想放棄努力，對自己的人生抱持懷疑的態度。這就是缺乏「嚮往」的關係。

你想成為什麼樣的人？而你又嚮往當一個什麼樣的人？想要一輩子都充滿幹勁，這兩者缺一不可。請持續鼓勵自己，讓自己知道目前的我正朝著夢想邁進，而且追求夢想的姿態非常動人。

同樣的，若能對他人這麼做，對方的期待會越來越高昂。下屬會死心塌地追隨你，孩子也會信任你，找你商量任何問題。

7

教育的瓶頸該如何突破？

說明的陷阱

現在目標定好了，你也成功鼓勵對方了，但還有一件事要特別留意。

不管是工作或課業，用「語言」教導對方有其極限。

即使你很擅長說明，你的孩子或下屬可能只會感到慚愧。當你說明得很詳細，他們還是聽不懂時，他們就會認為自己很沒用。

這時候，先停止口頭說明，讓他們實際觀摩一次。

也就是觀摩那些成功人士的作為，先從簡單的部分做起。

例如：安排一個機會，讓孩子接觸那些在學業或體壇上有成就的大人，或是帶他們參加職業運動員、太空人的演講會，畢竟那些人都是達成遠大夢想的先進。

至於在商場上，你可以讓下屬和業務高手同行，或是讓他們觀摩簡報高手的報告方法。

即時採用「觀察學習法」，也是培育幹勁的一大要點。

所以你也必須給自己一個觀察和偷學他人技巧的機會，這麼做可以大幅提升期待，產生一種躍躍欲試的心情，相信自己也能達成目標。

語言的極限

這世界上有兩種知識，一種用語言來說明比較好懂，另一種則是要靠直接觀摩成功案例。

例如：數學解法、作帳方式、交通規則這一類立論明確的事，不用語言說明是無法理解的。

光是看身旁的數學天才解題，你也不可能解得出來。

可是，我們從小到大都是靠語言學習。在學校聽老師上課，在家聽父母說教，在公司就聽前輩訓示等等。或許是這個原故，公司裡大部分的主管也習慣用說明的方式教育別人。

不過，觀察成功人士的行事方法，有時候比口頭說明更管用。

這在心理學稱為「模仿效應」。聽不懂繁雜的說明沒關係，多接觸、多觀察成功案例，在耳濡目染之下，說不定就能產生躍躍欲試的心情。

觀摩會提升期待

我們在做心理諮詢的時候，也會用模仿效應來治療恐懼症。

比方說，有的人非常害怕上台演講，這種人你教他各種放鬆技巧或演講方法，反而會增加他心理上的恐懼，他只會覺得演講技巧太困難。

播放演講影片是個有效的方法，好比面紅耳赤的小學生努力演講的影片，或是口齒不清的老人家，拼命發表自身主張的影片等等。對方看完之後，就會對演講抱持興趣了。

接著，治療師會陪對方一起思考，詢問他們看完影片有何感想，檢討影片中有什麼值得學習的地方。

這麼做之後，漸漸地當事人就不害怕演講了。他們甚至會主動上台挑戰，再向我報告成果。**有了觀摩別人的機會，就會產生一種自己也能辦到的期待心理。**

像跑業務、做簡報、辦發表會、鍛鍊體能這一類的事情，當然有一些技巧在裡面。但也有許多無法言傳的感悟，好比直覺判斷、時機掌握、個人的獨到見解等等。萬一你發現自己對某事失去信心，適時加入觀察和模仿的方式，可以從不同角度刺激自身幹勁。

8
先說答案好不好？

麻煩各位先看下面這一段文章：

「用報紙做比雜誌好多了，海岸又比市區要好，一開始用跑的比用走的好，可能要多試幾次才會成功。這需要一點技巧，但掌握起來並不困難，小孩子也能玩得很開心。成功以後就沒什麼麻煩了，小鳥也不太會靠近。只是，容易被雨水沾濕，太多人擠在一起也會發生問題，每個人需要一定的空間。進行時沒有上述提到的麻煩，其實還蠻悠閒的，石頭有固定的作用，沒綁好的話那就完蛋了。」

好，再麻煩各位讀下面這段文章：

「處理的步驟很簡單，一開始先分成幾堆，量不多的話直接集中成一堆也沒關係。若沒有下一個步驟要用的設備，那就得移動到其他地方，不然這樣就算準備完成了。重點是不要一次處理太多，少一點反而比較好。

也許你沒辦法一下子瞭解這有多重要，但不照做會有麻煩，可能得要付出很高的代價。

一開始你可能會覺得程序很複雜，可是這馬上就會成為你生活的一部分。在不久的將來，相信也沒人敢說這個作業是多餘的。完成所有步驟後，再一次把東西分成好幾堆，各別放在適當的位置。用完以後，又得經歷這整個循環。總而言之，這就是生活的一部分。」

這兩篇文章的用字遣詞都不難，照理說讀起來沒什麼障礙。不過，兩篇文章的內容根本莫名其妙，你很難集中注意力看到最後，想必大部分的人看到一半就跳過了吧？

其實前面那一篇文章的題目是「放風箏」，後面那一篇的題目則是「洗衣服」。加上題目再來閱讀，是不是讀起來比較順了？

重要的事情要先說

在心理學的領域中，這種易於理解的敘事架構稱為「基模」（schema）。透過剛才的閱讀測試，相信各位都明白一個道理，**一開始就開門見山的人，才有辦法引起對方的興趣。**

如果對方一開始沒有說清楚，不知道想表達什麼，你也不會聽到最後。畢竟無法理解的事情，是不可能引起他人關注的。

同樣的，當我們對孩子或下屬談論重要的事情時，如果你只是想到什麼就講什麼，對方必須花很大的心力去理解。

然後，他們會抱著無奈的心情聽你說明，對你莫名其妙的說法絲毫不感興趣，還假裝自己有在聆聽。

所以，你要是平常講話沒有習慣先講重點，那就要特別留意了。

因為對方會直接放棄聽你說明，他們會認為反正聽你說也是浪費時間，不想從你身上學習任何東西。

到時候，再怎麼苦口婆心的想教導對方，也不過是徒勞無功罷了。沒有結論的談話內容，對方只會左耳進右耳出，你的訊息也無法傳遞給對方。

事先提示答案

不管是教小孩念書或教大人工作，首先應該告訴他們「正確答案」。否則便沒辦法提高他們的期待，讓他們相信自己也能聽得懂。

精神科醫生和田秀樹也提過類似的教育方法。在解數學問題時，應該先讓學生觀看「正確答案」，再引導他們思考解題的方法。

這就好比前兩段文章的主題一樣重要，你要一開始就把基模展現出來。

事實上這個方法非常有效，可以提升期待，讓人相信自己也辦得到。

當然，這並不是主流的念書方法，不見得每一個人都認同。但改變過去那種按部就班的填鴨式教育，有助於減輕學習上的心理壓力，增進孩子的學習成效，這種方法的效果已經被證實了。

所以，除非你事先準備了出人意表的答案，不然一般話題先從結論講起吧！一開始先講結論，例如這件事有哪些明確的規範，對方才有興趣聽你講下去。

你至少要讓對方願意聽你講話，才有辦法提升對方的期待。

9 相信就能改變結果

假如父母或上司對我們抱有期待，我們就會相信自己有能力完成目標。反之，當父母或上司對我們不抱任何期待時，很容易就會覺得自己一事無成。

朋友或配偶的期待也具有同樣的效果，朋友或配偶對我們是否抱有期待，也會嚴重影響到自信心。

對一個人要有基本的期待，對方才會有努力的幹勁。這種期待就算沒有說出口，對方也感受得到，而且會實際改變他的能力，這是經過證實的理論。

假訊息大功效

心理學家羅森塔爾（Robert Rosenthal）做過一個知名的實驗。

他以小學生為對象，進行智力測驗。

過程中他動了一點手腳，他隨機挑出幾個小朋友，然後告訴孩子的導師，這幾個小朋友有很了不起的天份。

心理學家都這麼說了，導師當然會特別關注那幾個小朋友，對他們的能力抱有期待。**結果一年後，那些孩子的成績真的突飛猛進。**

明明是隨機挑選的假名單，但老師的期待產生了實際的成效。

為什麼老師的期待，真的能提升小朋友的成績呢？

事後分析發現，老師的期待不會像魔法一樣，馬上作用在小朋友身上，而是老師的日常行為會產生變化。

當我們認定某個人很有潛力，會放手讓對方思考如何達成目標（本章第三篇宗旨），不會一下就要求對方發下豪語（本章第一篇宗旨）。同時，我們在口頭指導對方之餘，還會讓對方觀摩成功的案例（本章第七篇宗旨）。替對方釋疑也是先從結論講起，不會多說贅言（本章第八篇宗旨）。

遇到太困難的課題，我們會教對方先從簡單的做起（本章第四篇宗旨）。之後盡量用鼓勵的方式，稱讚對方做事的態度（本章第六篇宗旨）。

一開始就相信對方的能力，本身也會很自然地採取有效的教育方法。

羅森塔爾的實驗之所以成功，主要是導師本身對學生的期待，改變了導師平日培育學生幹勁的方法，於是小朋友的成績真的進步了。

缺乏期待有多恐怖？

順帶一提，羅森塔爾的實驗也印證了另一個結果。如果一開始就認為對方辦不到，不抱任何期待的話，那麼小朋友的成績真的會下降，這是很恐怖的事情。

羅森塔爾在第二次實驗中，設定了兩個對照組。一個是成績好的班級，另一個是成績不好的班級。

然後，他同樣提供導師虛假的訊息。只不過，這一次他把成績好的班級說成「成績不好的班級」，成績不好的班級則說成「成績好的班級」。

兩班的導師也真的相信這個訊息，結果**真正成績好的班級實力大幅衰退，成績不好的班級實力卻大有長進**。

不被大人期待的孩子不僅可憐，成績也確實會下滑，這是很現實的結果。

兩種暗示的效果

相信有好結果就真的有好結果，這在心理學稱為「比馬龍效應」（Pygmalion Effect）；反之則稱為「格蘭效應」（Golem Effect），這兩種效應都相當受到重視。

例如：教授在指導年輕研究員做實驗時，會告訴他們一個風險。如果研究員事先預設一個結果，那麼做出來的實驗真的會得出那樣的結果。

因此，在做科學研究的時候，提出假設的人、思考實驗方法的人、執行實驗的人、分析統計結果的人最好分開，以免真的得出事先假設的結果。

這裡補充一下前面兩個心理學的用語含意。「比馬龍」是希臘神話中的國王，他愛上了自己雕刻的美女雕像，於是天神真的賦予雕像生命。

至於格蘭則是猶太傳說中的泥人，泥人會按照主人的意志行動，額頭上的符文一旦消失就會變回泥土。

也就是說，真正有能力的人受到不當的待遇，同樣無法發揮真本事。

各位仔細看完這一章，應該就能理解我想說的重點。我不是要各位隨便鼓舞對方，造成對方太大的期待壓力。

過度的期待只會讓對方感到孤立無援（可能只有那麼一點點的開心），你的鼓勵反而會刺激對方的孤獨感。

這些方法的關鍵是在你自己身上。你必須相信自己、相信對方能夠成才，否則動用再多技巧，也發揮不出成果。

第四章

長期幹勁養成法（價值篇）

什麼是「價值」？
要怎麼做才能讓人產生「價值」？

我認為只有在兩種情況下，人們才會認為某件事很有吸引力、很值得一試。

第一，就是「好奇心」受到刺激的時候，這一點應該無庸置疑。換句話說，要有躍躍欲試的感覺才行。不管是工作或念書，缺乏好奇心的人是不可能樂在其中的。

第二，當事人必須相信自己是主角。

你要讓他覺得自己在家庭、學校、公司、朋友之間有一席之地，而且這個環境對他來說非常重要。如果一個人認為自己微不足道、不被眾人需要，你還要求他努力挑戰，這未免太過苛刻了。

這種擁有容身之處的感覺，心理學家阿德勒稱之為「社會興趣」（social interest）。社會興趣是透過「貢獻感」維持的，也就是相信自己在團體中有貢獻，而且別人很感謝自己的貢獻，哪怕是微不足道的貢獻也無所謂。

阿德勒甚至斷言，人類的幸福源自於貢獻感。

我認為「好奇心」和「貢獻感」二者得要結合在一起，才會產生所謂的價值。

（見左圖）

■價值認同的原理

價值＝好奇心＋貢獻感

好奇心

覺得有趣，有躍躍欲試的感覺。

＋

貢獻感

在人際關係中有一席之地，而且覺得這個歸宿很重要。

價值＝「好奇心」＋「貢獻感」

這一章會從心理學的論述，來探討如何培養「好奇心」和「貢獻感」。

到底該如何培養「好奇心」和「貢獻感」，人們才會對某件事感興趣，產生躍躍欲試的心情呢？

本章節第一篇到第七篇將探討好奇心，第八篇到第十篇則是探討貢獻感。

1

為什麼簡單的遊戲很無趣？

好奇心顧名思義，就是「喜好奇異」的事物。

人類只會被未知的事物吸引，對已知的事物不會有興趣。

這是人類跟其他動物最大的不同。動物在遊玩或尋找食物時，會對安全又穩定的目標感興趣。**只有人類才會覺得未知的事物「很有趣」**。

不過有一點要特別留意，當我們遇到太奇怪、太難以理解的工作或課題時，就會產生恐懼和想逃之夭夭的心態。

所以，人類其實是對一知半解的事物感興趣。

當我們發現已知的訊息有某種程度的偏誤，就會靜下心來仔細檢討，因為這是讓自己進步的機會。

■套圈圈實驗

棋差一著的魅力

心理學家阿特金森（John William Atkinson）曾找來一批小學生，進行套圈圈的實驗，想要證明人類「好奇心」的來源。

首先他問那些小學生，他們覺得從哪個位置投圈圈絕對會投中？從哪個位置投圈圈又絕對不會中？

接著，他給小朋友自由玩耍的時間，觀察他們最喜歡在哪個位置投圈圈。**結果小朋友喜歡的既不是絕對會中、也不是絕對不會中的位置，而是機率有百分之五十的中間位置**（詳見上圖）。

這個實驗告訴我們，**人們對太簡單或太困難的事物不會有好奇心，只有在不曉得能否成功的情況下，才會積極行動。**

換成大人也是同樣的道理。

例如：努力存錢就能買得起的車子，比絕對買不起的跑車更有魅力；稍微比較難追求的對象，也比對自己死心塌地的對象更有魅力。

我們會感興趣的，絕不是那些毫無難度的課題。**而是成功機率一半，要靠自己努力才能達成的課題。**

換句話說，交代下屬去辦的工作，或是要小孩完成的課業，對他們來說至少要有一點挑戰性才行。這種不乏挑戰性的環境才是最理想的。

在這樣環境下，我們會成為一個充滿好奇心的人，主動嘗試各種挑戰，不必用賞罰的方式就能充滿幹勁。

勇於嘗試的自信

不過，阿特金森的研究還有後續。

對自己有信心的孩子，樂於在稍有難度的位置投圈圈。但對自己沒信心的孩子，只會在毫無難度的位置，或是完全不可能成功的位置投圈圈。

自信是靠成功經驗累積的，人類要有成功經驗為基礎，才會養成基本的自信。

那些從小就面臨困難挑戰的孩子，體會過太多失敗的經驗，很難培養出勇於挑戰的好奇心。

這個道理也適用在大人身上，若我們經常被罵，也會產生投鼠忌器的習性，不敢嘗試有風險的挑戰。

有些人甚至還沒有嘗試，就會替自己找逃避的藉口，例如：今天肚子痛，或是昨天喝太多酒不舒服等等。這種人不管做什麼事，都會認為沒什麼大不了，還會教唆其他同事一起擺爛，完全沒有成功的可能。

因為，心裡會覺得一開始擺爛的話，失敗了也不會傷到自尊心。

許多人缺乏自信，所以動不動就想替自己找藉口。這一類畫地自限的行為，在心理學稱為自我設限（self-handicapping）。如果你有類似的狀況，要先恢復基本的信心。

多體驗成功，品嚐成功的喜悅後，再做一些比較有挑戰性的工作，這也是激發好奇心的方法。

2

如何讓人主動發掘樂趣？

念書或工作有不有趣，其實跟個人的心態也有關係。

當然，我很清楚現實中工作和念書並不有趣，而且還非常辛苦。不過，**能否苦中作樂的態度也是很重要的素質**。

那麼，我們該如何幫助孩子和下屬養成這種性格呢？

這就要看他們失敗的時候，你的反應如何了。

親切的言詞沒有用處

當小孩考試或比賽成績不理想時，大人都會安慰他們，勉勵孩子下次再接再厲。

不過，只用這種安慰的手法，小孩的內在動機遲早會受挫。

大人也一樣，假設我們在工作上沒有任何成果，不管旁邊的人多鼓勵自己，同樣也會欲振乏力。

這就跟車子的導航系統差不多，導航系統會親切地告知我們行車資訊。我們也知道導航系統說得沒錯，但那些話語無法打動人心。即使系統提供再多的意見，如果無法改善行車的難度，我們反而會感到很煩躁，想把導航聲音直接關掉。

人必須要養成洞察問題的好奇心，這樣遇到問題才會從中發現樂趣，靠自己的力量突破難關。

否則，當事人懶得思考致勝策略，更不會積極解決問題。

好奇心的重要性

每個人在做自己熱衷的事情時，都會搖身一變成為策略專家。

例如：打電動、賭博、談戀愛、享受個人嗜好等等，這一類的事情沒人鼓勵我們去做，我們也會很感興趣，不斷尋思進步的方法。相關的攻略法或教戰手冊，不管在哪個時代都很受歡迎。

為什麼我們會對進步的方法感興趣呢？

因為對於自己重視的東西，我們會自發性地產生一種好奇心，不斷思考自己失敗的因素。

然而，在念書或處理工作時，就不會產生這種情緒。反而有一種事不關己的心態，懶得去思考改進的策略。對於本來就不重視的事情，或是不太想做的事情，我們自然不會有好奇心。

如果你事業有成、考試成績一向名列前茅，大概不能體會這樣的心情吧！因為你本身就對那些事情感到好奇，而且樂在其中。

問題是，你的下屬和孩子不見得跟你一樣。正確來說，這種人反而是少數。

身為指導者的你，不只要鼓勵他們再接再厲，更應該主動挑起他們的好奇心，去尋思失敗的原因。

我在幫人做心理諮詢時也發現，講一些事不關己的激勵言詞時，根本沒辦法真正打動人心。

面對孩子和下屬的失敗，你要有一種感同身受的心情，比他們更快展現出探究問題的好奇心，如此一來他們才會產生興趣。

只替對方的失敗感到惋惜，這樣的感想未免太過冷淡。主動關心對方失敗的原因，才是充滿溫情的鼓勵方式。

這兩者的關懷程度和溫情，可以說是天壤之別。上司和家長的關心要有真正的溫情，下屬和小孩才會積極解決問題。

3 如何養成好奇的習慣

當我們遇到出乎意料或不合常理的事情，會感到很有趣。

人性喜歡奇特的事物

美國心理學家費斯廷格（Leon Festinger），把這種現象稱之為「認知失調理論」（cognitive dissonance）。

無論是音樂或繪畫，典型又均衡的作品確實帶有美感。但這個理論告訴我們，**稍微有一點不和協或不安定的東西，反而會引起強烈的好奇心**。

以音樂來說，主旋律和其他音律有意外反差的作品，也比較受歡迎。繪畫也一樣，蒙娜麗莎的微笑帶有一種神秘色彩，人心永遠都會被那種神秘感吸引。

稍微有一點矛盾難解的東西，會觸動人們的心弦，深深烙印在記憶之中。

原因在於，不協調的事物會引發我們「不安」的情緒。

「奇怪？這是怎樣？這該怎麼解釋才好啊？」

當這個念頭在腦海中浮現，人心的平穩就會在瞬間被打破，這對生物來說是一種「不太愉快」的體驗。

為了消除不愉快的體驗，我們會反覆觀察那樣東西。

這種想要消除矛盾的心態，就是發自內心的好奇心和興趣。換句話說，有趣的東西其實就是稍微有點矛盾的東西。

我在進行心理諮商時，也會去找出對方言談中的小矛盾。

比方說，有不少憂鬱症患者都有「貧困妄想」的症狀。他們動不動就擔心自己沒錢，隨時可能會家破人亡。

你跟他們說現在景氣復甦，錢絕對夠用，他們也不會相信你說的話，對談只會發展成毫無意義的爭論。

我個人的處理方式是這樣，我會感謝他們在這麼窮困的狀況下，還特地浪費車錢來找我。有些人擔心自己馬上就要窮死了，我還會慌張地問他們，既然都快死掉了，怎麼不趕快把身後事辦好？

我的用意是要他們發現自己的矛盾，他們不但肯花電車錢，甚至連診療費都出得起，根本沒有非常窮困。況且既然都快窮死了，為何連個遺書都沒有寫下來？我希望他們注意到這種奇怪的狀況，對這個問題產生興趣。

這屬於認知治療（cognitive therapy）的一環，心理諮詢師會誘導病患，讓他們發現自己的思維太過極端，情況並沒有想像的那麼糟，這樣他們才會積極解決思維上的矛盾。

用這種方式消除病患的非理性信念，幫他們養成不會杞人憂天的思考模式，就能早日恢復了。

把矛盾轉化為好奇

這一套原理也能用在職場和學校上。

面對偶然發生的矛盾，為人父母和上司若劈頭開罵，用指責對方的方式來消除矛盾，這樣彼此永遠無法達成共識。

對方表面上看起來有聽進你的話，其實內心非常不是滋味。長此以往，對方就會失去內在動機，不會主動產生解決問題的興致。

矛盾本身就帶有某種程度的「樂趣」，我們應該用開朗的方式點出箇中樂趣。

點明事件的矛盾之處，讓對方知道雖然結果很遺憾，但就某種意義來說，發現問題是有趣的。然後跟對方一起解開謎團，這樣念書和工作才會變有趣。

我曾經研究過重度學習障礙的兒童，同樣印證了這個道理。

首先，我使用前一章介紹的教育方法，教導孩子如何發現問題、享受矛盾，並且觀察他們處理問題的態度有何改變。

結果，我發現這種教育方式的成果很好，起初他們連十位數的減法計算都有問題，後來竟然可以做到十六位數的減法計算。

單純的打罵教育完全做不到這一點，我讓孩子反過來享受矛盾，成功培養出他們的好奇心與充實感。

用這種方法，連患有重度學習障礙的孩子，都有心嘗試對大人來說也不容易的十六位數減法。

父母和上司的責任非常重大，剝奪孩子和下屬享受矛盾的好奇心，只會讓他們完全失去幹勁；而我們也必須去享受矛盾，才能擁有真正的幹勁。

試想，孩子從早到晚努力鍛鍊，結果正式比賽卻徹底慘敗；下屬的簡報準備萬全，卻在公開競標時敗給對手；你在約會前做好充足規劃，實際約會成效卻不怎麼樣……。這些事情都有一大堆不可理解的矛盾。

指責別人的錯誤這誰都辦得到，不過身為領導者，需要引導對方發現問題，給他們重新反思的機會。

4

反省的四大類型

失敗的歸因

誠如前述所言，在成果不盡理想的時候，重點是激發對方的好奇心，引導對方發現問題的矛盾之處，這才是關鍵所在。

激發對方的好奇心以後，只要再多留意一點就行了。

當孩子或下屬對自己的失敗感到好奇時，身為一個指導者，必須知道他們在思考失敗的原因時，會把原因歸咎於哪些因素。

將原因導向適當的內容，就能激發幹勁與充實感。

如此一來，日後就算失敗也會自動找回幹勁，不需要旁人督促就能積極向前。

那好，我們先來思考自己的問題。

當你在工作或人際關係不順的時候，會不會反省問題出在哪裡？如果會，你又是用什麼樣的方式反省？

心理學家韋納（Bernard Weiner）指出，大人和小孩在思考失敗的原因時，都習慣把原因歸咎於下列四種因素。

①「能力」不足。

②「努力」不夠。

③「問題」太難。

④「運氣」不好。

各位的反省是屬於哪一種呢？

請先弄清楚自己的反省模式，再從日常對話當中，觀察你的孩子、下屬、上司又是屬於哪一種模式。

■失敗的四大因素

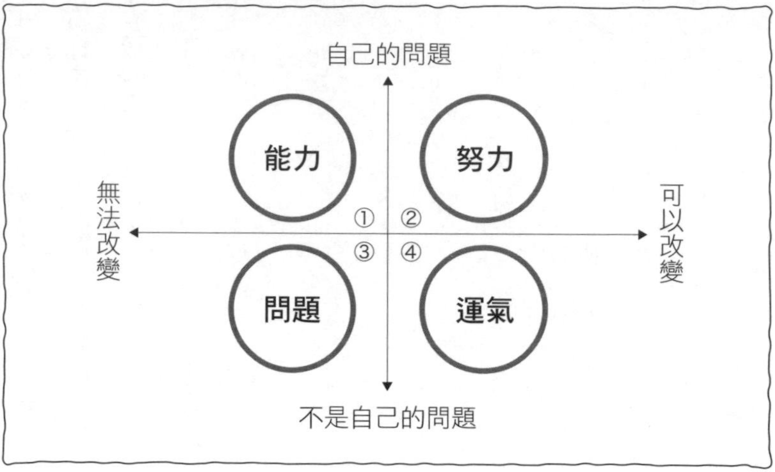

韋納認為這四種歸因模式，會影響到當事人的行為和幹勁。

這一套理論被稱為「歸因理論」（attribution theory），跟本章另一個重點，阿特金森的「期待×價值理論」一樣單純而有說服力。

在日本，奈須正裕先生還有許多知名心理學家，也用這一套理論進行其他相關的研究。

那麼在這四大項當中，把原因歸咎於哪一項，對人們的心理健康和幹勁比較有益處呢？（詳見上圖示）

失敗是誰的問題？

根據韋納的理論，這四種因素主要分為兩種性質，一種是「自己的問題」，另一種是「不是自己的問題」。

比方說，**認為失敗是能力和努力不足，就是把失敗歸咎於自己身上**。反之，**認為失敗是問題太難或運氣不好，就是把失敗歸咎於外在因素上**。

這兩種區分方式，哪一種比較有建設性呢？

當然，**歸咎於自己身上比較有建設性**。會這樣想的人認為，扭轉困境的關鍵操之在我。

換句話說，比起只會歸咎於外在因素的人，懂得反求諸己的人更容易進步，生活也更有充實感。

凡事歸咎於外在因素的人，不可能有幹勁或充實感。我們不該怪罪他人，而是要反省自己來提升幹勁。

有沒有改變的可能？

韋納還提出了另一種分類方式，兩種分類方式並用，才是歸因理論的真正核心。

也就是說，那些因素到底有沒有辦法改變？

接下來，我們就從能否改變的觀點，重新看待一次四大歸因吧！

首先，「能力」高低感覺不是可以輕易改變的要素，「努力」似乎還有靠自己改變的餘地。至於「問題」的困難度，這也不是我們能掌握的，「運氣」或許以後有機會改變。

按照這種分類方式，哪幾種歸因比較有建設性呢？

當然是「有辦法改變」的歸因更有建設性。因為能改變的，你才會想辦法解決，這才是有建設性的思維。

換句話說，把原因歸咎於「努力」和「運氣」的人比較容易進步，也會更有充實感。

用這一套理論來分類四大歸因，就知道哪一種思維可以讓我們持續努力下去，而不會喪失愉快和充實感。

詳細內容留待下一節表述，總之請先確認自己和旁人，在日常生活中是採用哪一種歸因方式吧！

這一個部分沒弄清楚，就算提高好奇心（內心產生挑戰的意願，關心不可思議或矛盾的事物）也還是不夠充分。

不管是工作還是念書，在實際遭遇失敗的時候，**除了要有發現問題的好奇心以外，還要懂得反省失敗原因。否則好不容易培養的好奇心，最後很可能無疾而終。**

5

應該先從哪裡開始反省？

失敗的原因到底是什麼呢？是能力不足？努力不夠？還是問題太難、運氣太差？人類要反省哪一項要素才會產生幹勁？究竟什麼樣的「悔恨」，會讓我們萌生下次一定要成功的企圖心？

我們就用合乎邏輯的消去法，來找出這個答案吧！

最糟糕的歸因是「能力」

如果要先從最糟糕的開始刪起，那麼歸因於「能力」不足絕對是百害而無一利。

因為能力不足是自己的問題，而且沒辦法輕易改變，這種思維只會產生自責與絕望。

每次遭遇挫折就認定自己缺乏才幹和實力，這種人不會有心嘗試新的挑戰。

這就好比人際關係不順，卻把原因歸咎於自己長得太差，或是天生缺乏溝通才能。有這種想法的人，最後就會演變成社交恐懼症。

所以，**要是你的孩子或下屬，習慣把失敗歸咎於自身能力不足，你得全力阻止他們。你要告訴他們絕不是能力的問題，哪怕毫無根據也無所謂**。

第一章也有講過，那種「幾歲以前不學習就來不及」的理論，根本毫無建設性（而且缺乏科學依據）。這個道理跟我現在談的主張有不謀而合之處。

遺傳和腦部結構確實是饒富興味的話題，但那方面的極限理論無法用來培育人才。孩子和下屬是我們要培育的重要對象，你不能讓他們對自己感到絕望。

只會談論才幹和能力的領袖，根本就是毒瘤。

在企業和補習班中就有不少這樣的指導者，這非但沒有任何幫助，還會讓人在失敗時感到絕望，這種危機可不是我危言聳聽。

第二糟的是「問題」

第二糟的歸因是「問題」太難。

因為這種歸因告訴我們，失敗不是自己的錯，偏偏我們又無力改變。當事人會產生一種事不關己的態度，幹勁也大幅降低。

把失敗歸咎於問題太難，只會導致冷漠的態度。畢竟問題太難與當事人無關，當事人根本無可奈何，做任何努力都是自討沒趣。

每次失敗就怪罪別人太難相處，或是考試題目太困難，這麼做對未來沒有任何幫助（頂多只能保護「自尊心」罷了）。

況且，**養成這樣的思維後，會產生怨天尤人的心態。**

從這個角度來看，這是一種會令人抑鬱的危險思維。

如果公司、學校、社會有什麼怨言讓你非說不可，至少不要在下屬或孩子面前說。你的埋怨對培育人才無濟於事，而且還會提高他們憂鬱症的風險。

第三糟的是「運氣」

那麼，把失敗歸咎於「運氣」又如何呢？

這是一種對心理健康相當友善的思維，畢竟運氣不是自己的問題，說不定以後會有時來運轉的一天。

例如：談生意不順，可能是你這次跟客戶沒緣分；參加比賽失利，也可能是剛好對上太強的隊伍。把失敗歸咎於運氣不好（雖然這種想法不會帶來實際的好處），好歹心理上會有一種正向的從容。

這就好像相信運勢的人，雖然心情會隨著占卜結果起伏不定，但他們遇到挫折不會責備自己，而且還能懷著開朗的心態，期待好運的到來。

儘管運氣歸因沒有任何實效，卻是很不錯的思維。單就這一點來說，運氣歸因對心靈的負荷遠比「能力」或「問題」要低。

最有建設性的歸因

按照上述的消去法，最有建設性的是「努力」歸因。

確實，當我們覺得努力不足是自己的問題時，就有機會靠人力扭轉。懂得把問題歸咎於努力的人，才會持續鼓舞自己再接再厲。

例如：把業績或學業成績不理想，歸咎於自己不夠努力。用這樣的方式坦然面對失敗，當事人才會抱著具體而明確的希望。業績不理想的人知道自己不夠努力，就會督促自己多跑業務，期許下一次的成功。

失敗時與其感嘆「能力」、「問題」、「運氣」這些複雜的要素，不如單純歸咎於「努力不足」，這樣遭遇任何失敗都能積極向前。

也難怪全國中小學的校訓裡，一定都有「努力」這一條，那是非常正確的訓示。繞來繞去最後又繞回努力，但必須要養成「持續努力」的思維，當事人才會產生下次一定要成功的衝勁，這種觀念對大人小孩都受用。

因此，不管是家庭還是職場都不需要冗長的反省大會，只要鼓勵孩子和下屬再接再厲，灌輸努力就會成功的思維，人們自然就會採取行動了，因為成功的方法已經昭然若揭。

6

失敗也不氣餒的祕訣

除了努力以外

誠如前述，把「努力」奉為圭臬的人，擁有永不放棄的動力。

各位閱讀偉人傳記就會發現，他們大多是至死都不放棄努力的拼命三郎。根據前面提到的「歸因理論」來看，努力也是正確的歸因思維。

問題是，**要把這一套思維灌輸給孩子和下屬，不是一件容易的事情。試想若我們動不動就鞭策自己努力，也會活得很累吧？**

這主要是「反抗心」作祟的原故。

每個人心中多少都有抗拒心態，我們都知道努力很重要，但不是努力就一定會有好結果，這純粹是場面話。理論正確是一回事，拿正確的理論來壓別人，只會讓人感到厭倦和鬱悶。

該如何打破這種自然產生的反抗心呢？

不要忽視傷痛

遇到這種情況，我建議各位可以運用心理諮詢思維。根據我個人的經驗，除非能深入瞭解患者的負面情緒，否則替患者治療的熱忱再高都沒有用。

就算療法很有效，可是只要對方有一丁點的抗拒或不滿，就不會遵照指示治療心理疾病。

不光是患者如此，**任何人心靈受傷後都會變得特別敏感。當人失敗時，可能表面上看不出有任何異狀，其實自尊心受到了不小的傷害，情緒也相當敏感。**

父母和上司若無視他們的痛苦，繼續叫他們努力，當然會感到孤立無援。這種心理上的不滿和寂寞，會不斷刺激反抗心。

因為孩子和下屬失敗以後，我們非但沒有處理他們負面的情緒，甚至還逼他們往下一個目標邁進。到頭來，只會把孩子和下屬逼入孤獨的絕境中。

前一章也提過，孤獨會毀掉一個人的幹勁。

有效活用「運氣」歸因

「努力」確實是最理想的歸因，不過在勸人努力之前，請先活用「運氣」歸因。**我剛才也說過，運氣歸因是一種相當優秀的思維。**

例如，孩子比賽輸了回到家裡，就算表面上看起來笑瞇瞇的，但笑容的背後可能承受著莫大的打擊，此時就先把失敗歸咎於運氣不好吧！你可以說，這一次失敗是運氣的問題，我們對自身也是如此。

就跟我之前說的一樣，運氣歸因不會傷害心靈，所以大家都願意聽。

以我個人來說，當遇到有嚴重心靈創傷的患者，在深入瞭解他們悲傷的故事前，我一定會先用一些不科學的說詞安慰他們。我會說，他們的悲劇是上天造成的，命運讓他們面對殘酷的試練等等（實際寫成文字後，我再次體認到這有多不科學）。

運氣不是當事人的問題，而且今後能改變的機會。談論「運氣」乍看之下很不負責，卻可以溫柔安撫受創的心靈。

面對孩子或下屬的失敗，請先陪他們一起感嘆命運無常，讓他們好好休息一個晚上。這對培育人才的一方來說，是很有效率的做法。

等對方心情放鬆得差不多了，再鼓勵他們再接再厲。用這種方式勸人「努力」，對方才會心悅誠服。

發自內心體諒對方的負面情緒，說的話才能打動人心。

這不是很困難的事情，**只要顧慮「運氣」和「努力」這兩大心理要素，就會產生躍躍欲試的充實感，大幅提升成功率。**

再重申一次，這兩大技巧要合併使用才有意義。整天感嘆命運乖舛毫無用處，我的重點是偶爾要活用「運氣」，才有辦法督促對方「努力」。

7 如何鼓舞努力的失敗者？

努力悖論

勸人努力是最正向的反省方式。失敗的時候，先用運氣歸因給予撫慰，再鼓勵對方繼續努力，這才是領導者該做的事。

不過，這個方法在某些情況下不適用。

也就是對方已經非常努力了，而且一直勤勉不懈。

這時候你說對方不努力，那完全是在講幹話。

被當成幹話也就罷了，叫一個已經很努力的人更加努力，會害對方精神崩潰。

因為當事人已經很努力了，當他開始思考努力也得不到回報的原因，就有可能認定自己完全沒有才能。

就理論上來說，「努力」歸因是最棒的思維，但叫一個已經很努力的人繼續努力，那個人就會思考自己的失敗是否與能力有關，而「能力」歸因是最糟糕的思維。這種矛盾不可不慎。

倘若對方在學業或工作上已經盡力了，就不要再談努力了。叫一個已經很努力的人繼續努力，等於是在傷害對方，是在質疑對方沒有才能的意思。

很多努力的人罹患了憂鬱症，主要就是自己的努力沒有受到重視，旁人還一直勸當事人努力造成的，這麼做會讓當事人認為自己很沒用。

改變方法

所以，當我們失敗以後（先用「運氣」歸因冷靜下來），告訴自己失敗可能是用錯方法，下一次不妨換個方法試試。

這可不是安慰的話，事實上努力得不到回報，多半是用錯方法的關係。**為什麼改變方法有好處呢？因為「方法」和「努力」的性質相近，這兩者都是把問題歸咎於自己身上，而且人力有辦法扭轉。**

把問題歸咎於方法上，比較容易養成開朗的情緒，督促自己再接再厲。至於新方法是否真能成功，這並非重點。重點是養成「改變方法」的習慣，而不是去計較新方法是否真能提升績效。

若以往都是禮拜三跑業務，現在換成禮拜五跑試看看；平常都是吃飽飯才念書，以後換成吃飯前念書等等。

努力當然很重要，但懂得改變做事方法的人，比較不容易被困境打垮。遭遇失敗也能保持開朗積極的態度，尋思成功的方法。

叫一個不夠努力的下屬繼續努力，這是培養人才的關鍵。但萬一當事人已經非常努力，你要教他改善做事方法。同時用「運氣」歸因鼓舞對方，他才會產生躍躍欲試的衝勁。

一個人會追求新事物還是固守舊有的思想，而不知改進變通，很可能都取決於能不能說對話。

8
「棋子」與「棋手」心態

下棋的人到底是誰？

人生的主角是誰？

認為自己是主角的人，才能在充滿幸福感和幹勁的情況下，持續面對新的挑戰。他們相信自己對其他人有很大的貢獻。

心理學家多夏姆（deCharms）把人類分成兩種類型，**一種是棋盤中的「棋子」，另一種是「棋手」。棋子他用「外控人格」（pawn）來稱呼，棋手則用「內控人格」（origin）來稱呼。**

這一套理論認為，「外控型人生」過得抑鬱寡歡，反之「內控型人生」則非常有充實感（詳見左圖）。

■你是「棋子」還是「棋手」？

確實，把自己當棋子的人，認為凡事都由別人做主；而把自己當棋手的人，則會認為一切成敗操之在我。

所以，**只有把自己當棋手的人，才會相信自己能對社會有所貢獻。**

你的孩子和下屬是哪一型的人呢？你自己又是哪一種類型？

這跟一個人的身分沒有關係，純粹是心態問題。政治家、大老闆、老師這一類的人不一定就是棋手；祕書、助手、小職員也不一定就是棋子。

不少大企業老闆抱持著棋子的思維，他們認為景氣和政策不好，對經營狀況造成很大的影響。

他們相信景氣和政府才是棋手，自己只是無能為力的棋子。

相反地，有很多小職員相信自己才是棋手，他們懂得分析市場動向，找出未來的商機，然後積極提出企劃案。

我常去光顧的超市也有兩種收銀員。一種是心不甘情不願的棋子型員工，他們只會提供最低限度的服務，以免被客人或店長責罵。

然而另一種棋手型的員工，則認為服務顧客是在證明自己的能力，也會尋思提升工作效率的辦法。

不用說，棋手型的員工比較有活力，對工作也更有貢獻。不管是工作或念書，這種人很容易找到成就感，也不會半途而廢。

入局

換句話說，你要讓孩子和下屬覺得自己才是棋手。你要持續告訴他們成功操之在己，他們有權決定自己的未來。

比如：公司高層舉行企劃會議，或是大人之間的家族會議，也請找下屬和孩子參加，哪怕只是做做樣子都沒關係。

不管是部門的團隊會議，還是鄉鎮上的居民會談，亦或學生會的公共事務，不要只找特定的高層參加，你要展現出小孩和新人都有機會參與決策的氣度。

即使他們提不出意見，光是參加就很有意義了。要是他們提了意見，你也不一定真的要實現。

讓對方參與決議，產生應有的責任感和連帶感才是目的。

精神病患住院治療的時候，我不會背著患者偷偷跟他們的家人討論治療計劃和費用事宜。就算病患是孩子，我也會盡量讓他們參與討論。

病患必須知道那是他們自己的問題，跟他們大有關係，否則治療很難有療效。

有些人認為治療計劃交給父母決定就好，讓年幼的病患參與太過殘忍，但這不過是治療者的傲慢。你把對方當成傀儡，只要他們乖乖聽話，在這種氣氛下，人心無法恢復健康。這一點大人小孩都一樣。

治療者應該把病患當成獨立成熟的對象，詢問他們對於治療的看法和意願，他們才會相信自己是人生的主角。

要讓病患產生這種自發意識，他們才會在困境中看到希望。

培養自發性

我把這一套理論告訴企業經營者，很多經營者都感嘆，他們鼓勵底下的人發表意見，無奈能提出好點子的優秀人才太少。

我也懂他們的心情，我替大學生上課的時候，也經常有一種挫折感，詢問年輕學子意見很難得到有建設性的答覆。

可是，你不這樣做，他們永遠提不出好的意見，小孩子也一樣。

從來沒有徵詢過他們的意見，給他們做出重大決定的機會，他們便無法訓練出獨立思考的能力。

所以，許多企業培育不出有想法的優秀人才。

與其感嘆對方不成熟，不如多給他們參與的機會，沒有立竿見影的效果也無所謂。多給思考的機會，培育「貢獻感」，不要一直計較實際功效有多大。

當然，這麼做有一定的風險，甚至可能產生恨鐵不成鋼的無奈。但敢於挑戰的領導者，才有辦法持續激發對方內在的幹勁。

9

什麼樣的話會激發自主性？

幸福的想法

曾經有人做過一個實驗，實驗內容是找來數百名男女，讓每個人評估自己在團體中有多英俊或多美麗。

舉個例子，在一場五百人的活動中，要每個人偷偷寫下自己的容貌排第幾名，結果歐美人和日本人的答案相去不遠，半數以上的人都認為自己在前一百名以內。但從理論上來看，不可能半數以上都在一百名以內，這是不合理的。

從這一點我們不難發現，大多數人對自己有相當積極正面的評價。

在心理學中，這種不合理的自我評價稱為「正向錯覺」（positive illusion），是人類一種很普遍的傾向，只是程度有別罷了。

善用錯覺

換句話說，每個人對自己多少都有一些誤解。**父母、老師、上司應該增進這種沒由來的自信，而不是反過來破壞它。**

我們對談戀愛這一類本來就感興趣的事物，都希望自己無往不利。所以即便是錯覺也能過得很開心，但念書或工作就不一樣了。

對於不感興趣的東西，我們也懶得相信自己很厲害。反正無關緊要的事冷處理就好，也很難產生正向錯覺。

因此在工作和學業上，如何培養對方的正向錯覺非常重要。

當然，我們難免會提醒對方不要得意忘形。但動不動就破壞對方的正向錯覺，其實是很可惜的一件事，畢竟你在破壞錯覺帶來的良好效果。

正向錯覺強烈的人，就算從事單調的事務性工作，也會卯足全力辦到好，他們相信自己身負重任。

況且，在比賽、考試、面試、簡報等場合，有時候講究破釜沉舟的力量和氣勢（當然平時的努力也很重要）。當我們面臨勝負的關鍵時刻，必須對自己的答案或商品有絕對的信心，對自己的簡報也要有超出常理的熱情，這樣才能撼動人心。

身為一個領袖，應該培養對方積極正面、自信滿滿的心態，哪怕只是錯覺都沒有關係。

自己的選擇才是最棒的選擇

那麼，我們如何在工作和學業上，培養一個人的正向錯覺呢？

你可以每天都把對方捧上天，但父母和上司這樣做，孩子和下屬只會認為你別有居心，彼此相處起來反而不自然。

按照心理學的論述，讓對方養成自己做選擇的習慣就行了。這種選擇就算只是「表面上的」選擇也沒關係，要不要按照對方選擇做那又是另一回事。

人類要自己做出選擇，才會相信有好的結果。

只要讓對方有自己做主的經驗，對方就會產生成敗操之在我的責任感。有了這樣的責任感，就能以積極的正向錯覺面臨挑戰。

所以各位在談話或開會時，要不時停下來詢問孩子或下屬的意見，他們才不會有事不關己的心態。

容我舉一個自己的例子，我對著上千名學生或上班族演講時，絕不會單方面唱獨角戲。用那種方式演講，底下的人只會感到無聊而已。

若聽眾覺得演講內容跟他們無關，內容準備得再豐富也沒用。

不顧慮對方的感情，對方自然會產生事不關己的心態。缺乏連帶感、充實感、貢獻感的交流時間，對彼此都是一種折磨。

所以，我大概每十分鐘會停下一段時間，問聽的人有什麼感想，沒辦法完全掌握每一個人的感想也無所謂。我會問大家剛才的話題如何？是否要繼續聊同一個話題？還是要換個話題比較好？

聽眾只要點頭、搖頭、微笑就夠了，不必給我明確答覆也沒關係。

有時我多次詢問聽眾感想，大家卻提不出什麼好問題，讓很多主辦者覺得過意不去，但事實上，聽眾有沒有提問並不重要。

我只是透過「徵求意見」的行為，傳遞一種貢獻感和連帶感。我要讓聽眾知道，我很認真在跟他們對話，而且這是雙方互相交流的時間。

如此一來，就算演講者的內容稍嫌稚拙，底下的人也會認真聽。

請各位養成徵詢別人意見的習慣，千萬不要認為這沒有用。

想自己做決定是本能

關於正向錯覺這個現象，我再補充說明幾點。

既然說是「錯覺」，那當然就是一種錯誤的認知。不過，擁有這樣的錯誤認知，反而證明我們的心理是正常的。

人們都相信自己做的選擇是好的，自己參與的事物是好的。心理學家蘭格（Ellen J. Langer）把這種心態稱為「控制錯覺」（illusion of control），這是對於控制的「幻想」，每個人都有類似的情感。

比方說同樣是去買樂透，我們會相信自己排隊買來的樂透，比別人替你買的更容易中獎。

同理，在擲骰子做重大決定時，沒有人希望別人替我們擲骰子。

要是我一定會拜託別人讓我擲，因為我相信那樣比較會有好的結果。

不過，根據統計理論來看，誰來擲骰子或買樂透並不會影響結果。

因此，自己做主會有好結果純粹是幻想。但這是人之常情，我們沒有自己做決定就是不甘心。

判斷力強的人容易罹患憂鬱症

心理學家格林也證實，這樣的感情雖然是幻想，對我們的心理健康卻大有益處。

首先他找來兩組人，一組是住院治療憂鬱症狀的患者，另一組是沒有憂鬱症狀的人；接著請這兩組人預測，自己擲骰子和別人擲骰子，哪一種的結果會比較好？

結果，沒憂鬱症狀的人都認為自己擲，結果比較好；有憂鬱症狀的病人，反而能做出正確的判斷，他們知道誰來擲骰子都沒差（詳見上圖）。

這是一個很有趣的現象。那些認清現實、掌握現狀的人，竟然是需要住院治療的患者。

■誰做結果比較好？

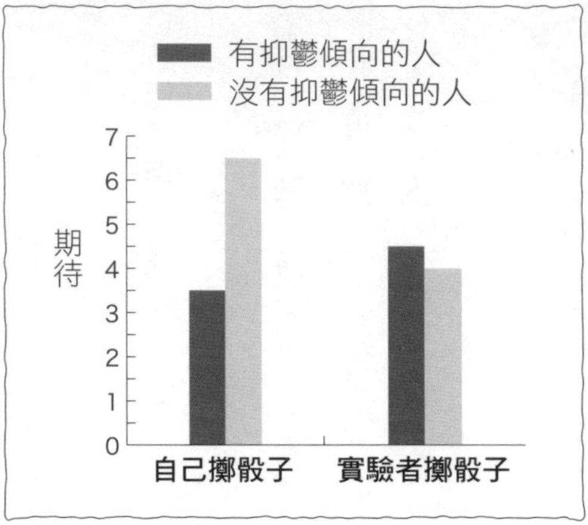

至於**那些健康開朗的人，都活在錯覺之中**。

也就是說，**逼迫別人認清現實的教育方式，有造成抑鬱的風險**。

讓對方相信自己做的決定，相信自己是有貢獻的，這種方式才能提升一個人工作和念書的幹勁，強化對方的心理素質。

10 如何培育「捨我其誰」的責任感？

網路社群好玩的原因

我們習慣把漂亮的照片或有趣的動畫上傳網路，網路成了全世界共通的社交場所，不分男女老幼都在使用。

我們會把個人訊息分享給朋友，甚至是不認識的陌生人。這麼做有種興奮感，心裡會非常開心。

為什麼會開心？

網路上有各種機會滿足我們的「**認同需求**」，這是很重要的原因。

每個人天生都有尋求肯定和讚賞的需求，點讚的次數和閱覽的次數越多，越能滿足我們平時缺乏的自我肯定感。

當然上網發文有可能遭受反駁，不會永遠獲得讚賞，但這也是上網的樂趣之一。有惹怒網友和筆戰的風險，上網發文也就更加刺激了。

不過，滿足認同需求不是上網愉快的唯一理由。

只要感受到別人對自己的重視，就算得不到點讚也同樣快活。人們不是真的這麼在乎評價好壞，讓別人注意到自己的存在才是重點。

獲得重視的喜悅

這種現象在心理學稱為「觀察者效應」。

曾經有人在工廠做過實驗，發現主管和勞工的人際關係好壞，比薪資、照明、濕度、溫度等這一類環境因素，更容易影響到勞工的幹勁。

同理，醫師和患者的信賴關係夠強，疾病也比較容易治癒。患者只要感受到醫師是認真替自己看診，就會產生積極治病的念頭。

積極的念頭會帶來正面的行動，患者會努力嘗試飲食療法，並盡量配合檢查。

你的孩子或下屬，是否認為沒有人在意自己？

如果他們真的這麼想，再怎麼熱心指導他們念書或工作，心中也不會產生努力的念頭。

畢竟上網比較有獲得重視的感覺，他們當然會覺得網路更有魅力，在網路世界裡更有貢獻感。

網路世界充滿觀察者效應。

因此，他們願意在網上發佈各種照片，摸索網友喜歡的類型。

反觀學校老師和職場上司，不見得會重視自己，努力純粹是自討沒趣，孩子或下屬會這樣想也是理所當然的。

「聽說」的魔力

要發揮觀察者效應，得讓對方感受到被重視。

這是顯而易見的道理，問題是直接表明你的關心與重視，反而會帶給對方壓力。像我就犯過不少類似的錯誤，我好意表達自己的重視，結果卻造成對方壓力。事實上，我也不是刻意要這樣做。

可是，改用下列的表達方式，對方就很容易接受了。

我們可以告訴對方，他的努力獲得某個人的讚賞，他可以從別人口中得知他有多了不起。換句話說，**要透過第三者間接鼓勵對方，這在心理學稱為「間接效應」**。

別人直接對我們示好固然是一件開心的事，但從別人口中間接得知第三者對我們有好感，那種興奮感是無法比擬的。

獲得上司稱讚很令人開心，但從同事口中知道這件事更有衝擊性。

網路社群服務具有觀察者效應，會讓使用者覺得自己受到關注；同時，還有一種可以得到陌生人讚賞的間接效應。

自己發表的文章成為眾人口中的話題，這種間接認同的效果，遠比直接獲得認同更能彰顯自己的存在感，當事人也會覺得自己跟社會有廣泛的聯繫。

不要讓網路獨攬認同需求和間接效應的好處，公司和家庭這一類真實的人際關係中，也該積極活用這兩大效應。

告訴對方他是大家口中的風雲人物，並且受到眾人的好評，這樣做會讓對方心情開朗並充滿熱情，哪怕不是真的都沒關係。

不管是大人或小孩，都需要用貢獻感支撐信心，如此一來才會產生積極正面的情緒，試圖用更大的貢獻來提升自己的知名度。

對方能否產生積極正面的情緒，全憑我們是否說對話。

總結

本書把幹勁分為「短期幹勁」和「長期幹勁」，並從心理學的論述，探討該如何培養這兩種不同的幹勁。

短期幹勁是「外在動機」構成的，靠的是「賞罰分明」的教育方式。

賞罰教育可以讓對方專注於眼前的問題，但就像前面講的一樣，要善用賞罰教育不是件容易的事情，這需要非常細膩的技巧。

況且，一直用賞罰分明的方式鞭策對方，反而會培養出毫無幹勁的人。

所以，如果發現自己過去只懂得用賞罰教育，那最好重新思考一下。

請正視「新的人才培育法」吧！

長期幹勁是「內在動機」構成的，靠的是「期待與價值」的教育方式。其中價值是「好奇心與貢獻感」構成的。

「發自內心的幹勁」是一種非常複雜的心態，本書試著從心理學的角度，告訴大家該如何培養這種心態。

期待與價值的教育方式沒有「賞罰教育」的副作用。另外，這樣的觀念可以把思維和觀念導向正途，一旦養成終身受用。

期待與價值的教育方式看似困難，好像一定要教育專家才辦得到，實則不然。相信各位讀完本書以後，印象也多少改觀了。

我主要介紹設定目標的方法、發現矛盾的方法、失敗時的反省方法、讓對方品嚐貢獻感的方法等等，只要把這些方法運用在平日對話或生活中，就能達到潛移默化的效果。

再重申一次，培育幹勁永遠不嫌晚，請不要再用賞罰式教育了。我們需要站在新的人性觀點來改變自己，人不能只為麵包而活，我們都希望靠自己的力量，努力達成內心衷心期望的目標。

培養幹勁就是在培養人心，改變我們的生活方式。

支撐幹勁的不是物理上的誘因，而是心理上的嚮往，這才是影響幹勁的關鍵。

希望這本書可以帶給你和身旁的人「真正的幹勁」。

最後，感謝日本實業出版社的松澤伸彥先生，為本書的企劃和編輯盡心盡力。在我創作的過程中，也一直幫助我維持「幹勁」，請容我獻上最誠摯的謝意。

植木理惠

參考文獻

Abramson, L.Y., Seligman, M.E.P. & Teasdale, J.D. (1978) Learned helplessness in humans: Critique and reformulation. Journal of Abnormal Psychology, 87, 49-74.

Abramson, L. Y., Garber, J., & Seligman, M. E. P. (1980) Learned helplessness in humans: An attributional analysis. In J. Garber, & M. E. P. Seligman (Eds.), Human helplessness. New York: Academic Press.

Atkinson, J. W., & Reitman, W. R. (1956). Performance as a function of motive strength and expectancy of goal-attainment. Journal of Abnormal Social Psychology, 53 361-366.

Atkinson, J.W. (1964) An introduction to motivation. Van Nostrand.

Atkinson, J. W. (1974). Strength of motivation and efficiency of performance. In J. W.

Atkinson & J. O. Raynor (Eds.),Motivation and achievement . Washington, D.C.: Winston.

Ausubel, D. P. (1960). The use of advance organizers in the learning and retention of meaningful verbal material. Journal of Educational Psychology, 51, 267-272.

相川充・川島勝正・松本卓三（1986）歸因對考試成績之影響-Weiner 的達成動機相關歸因模型檢討—教育心理學研究, 33, 195-204.

Anderson, J. R. (1980) Cognitive Psychology and Its Implications. San Francisco: W. H. Freeman.

Bandura, A. (1977) Self-Efficacy: Toward a unifying theory of behavioral change. Psychological Review, 84, 191-215.

Bandura, A. (1971) Psychological modeling: conflicting theories. Chicago: Aldine Atherton.（《模仿心理學—觀察學習之方法與理論》金子書房 1985 年）

Bandura, A. (1997) Self-efficacy: the exercise of control. New York: W.H. Freeman.（《激動社會中的自我效能》金子書房 1997 年）

Bandura, A. & Schunk, D. (1981). Cultivating competence, self-efficacy, and intrinsic interest through proximal self-motivation. Journal of Personality and Social Psychology, 41, 586-598.

B. F. Skinner (1948) Superstition in the Pigeon. Journal of Experimental Psychology, 38, 168-172.

DeCharms, R. C. (1968). Personal causation: The internal affective determinants of behavior. New York: Academic Press.

Deci, E.L. (1975). Intrinsic motivation. New York: Plenum Publishing Co. Japanese Edition, （Tokyo: Seishin Shobo, 1980）

Deci, Edward L. (2006). Ryan, Richard M., ed. The Handbook of Self-Determination Research. University of Rochester Press.

Deci, E.L. (1980). The psychology of self-determination. Lexington, MA: D. C. Heath (Lexington Books). (Tokyo: Seishin Shobo, 1985.)

Dweck, C. S., & Reppucci, N. D. (1973). Learned helplessness and reinforcement responsibility in children. Journal of Personality and Social Psychology, 25 (1), 109-116.

Dweck, C. S. (1975). The role of expectations and attributions in the alleviation of learned helplessness. Journal of Personality and Social Psychology, 31 (4), 674-685.

藤田統（1967）史金納的教育機器與其概念，教育與醫學 15 (9), 4-9, 慶應義塾大學出版會

Heron, W. (1957). The pathology of boredom. Scientific American, 196, 52-56.

Lepper, M. R., Greene, D., & Nisbett, R. E. (1973). Undermining children's intrinsic interest with extrinsic reward: A test of the "overjustification" hypothesis. Journal of Personality and Social Psychology, 28(1), 129-137.

Hiroto, D. S. (1974). Locus of control and learned helplessness. Journal of Experimental Psychology, 102 (2), 187-193.

鹿毛雅治、奈須正裕（編著）《學習與指導 學校教育的心理學》金子書房 1997 年

鎌足雅彥、龜谷秀樹、樋口一辰（1983）學習性無助感（Learned helplessness）之相關研究，教育心理學研究 31, 80-95

鎌足雅彥（1985）關於學習性無助感的形成，以及歸因和期待變動，東京大學教育學

部記要 25, 41-49

馬丁・賽里格曼、（監譯）宇野薰《正向心理學的挑戰 掌握幸福和保持幸福》Discover21，2014 年

M.E.P. 賽里格曼、（監譯）平井久、木村駿《憂鬱症行動學—何謂學習性絕望感》誠信書房 1985 年

中谷素之（編著）《利用人際關係培養學習意願—賦予動機的教育心理學》金子書房 2007 年

奈須正裕（1989）Weiner 的達成動機之歸因理論研究，教育心理學研究 38, 84-95.

奈須正裕（1990）歸因、感情、學習行動與學業成就之關聯，教育心理學研究 38, 17-25.

西林克彥《培養不了解讀力的真正原因》光文社新書 2005 年

Rotter, J. B. (1966). Generalized expectancies for internal versus external control of reinforcement. Psychological Monographs: General and Applied, 80 (1), 1-28.

Rosenthal, R. & Jacobson, 1968 Pygmalion in the classroom, Holt, Rinehart & Winston・

Rotter, J. B. (1993). " Expectancies". In C. E. Walker (Ed.). The history of clinical psychology in autobiography (vol. II). Brooks/Cole. pp. 273-284.

Seligman, M. E., & Maier, S. F. (1967). Failure to escape traumatic shock. Journal of Experimental Psychology, 74(1), 1-9.

Seligman, M.E.P. (1991). Helplessness: On Depression, Development, and Death. Second edition. New York: W.H. Freeman.

植木理惠（2000）提升學習障礙兒童動機與教授計算技巧——相互模仿作用的各別學習指導效果，教育心理學研究 48, 491-500.

植木理惠、清河幸子、岩男卓實、市川伸一（2002）主題學習的自我控制活動支援——探討地區的實踐活動，教育心理學研究 50, 92-102

Weiner, B., Frieze, I., Kukla, A., Reed, L., Rest, S., & Rosenbaum, R. M. (1971). "Perceiving the causes of success and failure." In Edward E. Jones, David E. Kanouse, Harold H. Kelley, Richard E. Nisbett, Stuart Valins, Bernard Weiner (Editors), Attribution: Perceiving the Causes of Behavior. (pp. 95-120). Morristown, New Jersey: General Learning Press.

Weiner, B. (1980) Human Motivation, Holt, Rinehart & Winston, New York, NY.（林保、宮本美沙子（監譯）《人類動機心理學》金子書房 1989 年）

HEART
心|視野 心視野系列066

想衝，為何沒幹勁?

用心理學終結慣性倦怠，找回潛藏心中源源不絕的內在驅動力

「やる気」を育てる！科学的に正しい好奇心、モチベーションの高め方

作　　者　植木理惠
譯　　者　葉廷昭
總 編 輯　何玉美
責任編輯　王郁渝
封面設計　楊雅萍
內文排版　顏麟驊

出版發行　采實文化事業股份有限公司
行銷企劃　陳佩宜・黃于庭・馮羿勳・蔡雨庭・王意琇
業務發行　張世明・林踏欣・林坤蓉・王貞玉・張惠屏
國際版權　王俐雯・林冠妤
印務採購　曾玉霞
會計行政　王雅蕙・李韶婉
法律顧問　第一國際法律事務所　余淑杏律師
電子信箱　acme@acmebook.com.tw
采實官網　www.acmebook.com.tw
采實臉書　www.facebook.com/acmebook01

ISBN　978-986-507-100-4
定價　320元
初版一刷　2020年4月
劃撥帳號　50148859
劃撥戶名　采實文化事業股份有限公司
104臺北市中山區南京東路二段95號9樓
電話：（02）2511-9798
傳真：（02）2571-3298

國家圖書館出版品預行編目資料

想衝，為何沒幹勁？：／植木理惠著；葉廷昭譯. -- 初版. -- 臺北市：采實文化，2020.04
208面；14.8×21公分. --（心視野系列；66）
譯自：「やる気」を育てる！科学的に正しい好奇心、モチベーションの高め方
ISBN 978-986-507-100-4（平裝）
1. 動機　2. 成功法
176.85　　109001734

采實出版集團
ACME PUBLISHING GROUP

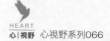

HEART
心視野

HEART

心｜視野

HEART
心視野

HEART

心|視野